MARCO ⊕ POLO

Karibik

Kleine Antillen

Reisen mit Insider Tipps

W0095262

Diesen Reiseführer schrieben die Reise-
journalisten Irmeli Tonollo, die auf den
Virgin Islands lebt, und Michael Auwers.

www.marcopolo.de

Infos zu den beliebtesten Reisezielen
im Internet, siehe auch Seite 104

SYMBOLE

MARCO POLO INSIDER-TIPPS:
Von unseren Autoren für Sie entdeckt

★ **MARCO POLO HIGHLIGHTS:**
Alles, was Sie in der Karibik kennen sollten

 HIER HABEN SIE EINE SCHÖNE AUSSICHT

🏃 **WO SIE JUNGE LEUTE TREFFEN**

PREISKATEGORIEN

Hotels		Restaurants	
€€€	über 200 Euro	€€€	über 35 Euro
€€	100–200 Euro	€€	20–35 Euro
€	unter 100 Euro	€	unter 20 Euro

Die Preise gelten pro Nacht für zwei Personen im Doppelzimmer in der Wintersaison.

Die Preise gelten für ein Essen mit Vor- und Nachspeise, aber ohne Getränke, Steuer und Trinkgeld.

KARTEN

[118 A1] Seitenzahlen und Koordinaten für den Reiseatlas Karibik

[0] außerhalb des Kartenausschnitts

Karten von Castries (St. Lucia), Roseau (Dominica), St. George's (Grenada) und St. John's (Antigua) finden Sie im hinteren Umschlag.

Zu Ihrer Orientierung sind auch die Objekte mit Koordinaten versehen, die nicht im Reiseatlas eingetragen sind.

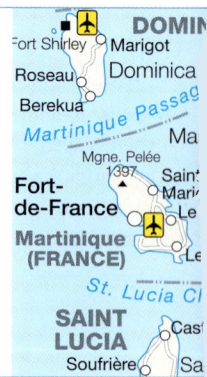

GUT ZU WISSEN

Eine eigenwillige Sprache 16 · Kreolische Spezialitäten 20
Ma Pampo 37 · Mini-Mokes 41 · Literaturtipps 56 · Busfahren 63
Affentheater 71 · RMS »Rhone« 85

INHALT

Die wichtigsten
MARCO POLO Highlights

Sehenswürdigkeiten, Orte und Erlebnisse, die Sie nicht verpassen sollten

 Foxy' Wooden Boat Regatta
Riesenparty an den Stränden der sonst ruhigen Insel Jost van Dyke (Seite 25)

 Andromeda Gardens
Liebevoll angelegter Garten auf Barbados – mit Blick auf den Atlantik (Seite 28)

 Concord Falls
Durch Muskatnussbaum-wälder führt ein Spaziergang hinauf zum höchsten Wasserfall Grenadas (Seite 39)

 Dasheene Restaurant
Vom Restaurant des Hotels Ladera auf St. Lucia aus kann man bei vorzüglichem Essen die Pitonkegel und das Meer betrachten (Seite 44)

 Anse Chastanet
Ein ganz besonderes Hotel auf St. Lucia: voller Luxus und Charme und mit atemberau-bendem Blick (Seite 45)

 Tobago Cays
Segler- und Taucherparadies in den Grenadinen mit smaragd-grünem Wasser (Seite 47)

 Parc National de la Guadeloupe
Durch Regenwälder und vorbei an Wasserfällen zu einem Vulkan wandern (Seite 50)

Badestrand auf den Tobago Cays

Hausfassade in Marigot auf St. Martin

 Marigot
Das Hauptstädtchen von
St-Martin hat einen verträum-
ten Yachthafen mit guten
Einkaufs- und Einkehr-
möglichkeiten (Seite 57)

 Nelson's Dockyard
Das Hafenmuseum von
Antigua informiert über Lord
Nelson und das historische
Yachtzentrum English
Harbour (Seite 62)

 Brimstone Hill
Das englische Fort aus dem
17. Jh. auf St. Kitts gilt als das
karibische Gibraltar (Seite 69)

 Rawlins Plantation
Das alte Herrenhaus inmitten
weiter Zuckerrohrfelder ist
das wohl schönste Hotel
auf St. Kitts (Seite 71)

 Naturpark Saba
Die Insel bietet wegen der
Reinheit ihrer Gewässer
phantastische Tauch- und
Schnorchelmöglichkeiten
(Seite 73)

Vulkan La Soufrière, Guadeloupe

 The Quill
Vulkankrater auf Sint Eustatius
mit vielfältiger Flora, aber
auch seltenen Vertretern von
Schlangen, Leguanen und
anderen Reptilien (Seite 75)

 The Baths
Die berühmten Felsformatio-
nen auf Virgin Gorda sollte
man besuchen, wenn gerade
kein Kreuzfahrtschiff vor der
Insel ankert (Seite 86)

 Segeln
Die British Virgin Islands sowie
St. Vincent und die Grenadinen
sind die besten Segelreviere –
auch für Anfänger (Seite 96)

 Die Highlights sind in der Karte auf dem hinteren Umschlag eingetragen

Entdecken Sie die Kleinen Antillen!

Aber wählen Sie mit Bedacht, denn keines der paradiesischen Inselchen gleicht dem anderen

Down the way where the nights are gay/and the sun shines daily on the mountain-top ...« – zwei Zeilen, die die Karibik treffend beschreiben. Harry Belafonte verstand es in den 1960er-Jahren, die Sehnsucht nach Palmen, Sonne, Karneval und Rum mit seinen Songs zu wecken. Inzwischen weiß jeder Karibik-Reisende, was ihn erwartet: azurblauer Himmel, türkisfarbenes Meer, weiße Strände, Zuckerrohrfelder, Bananenhaine, Kokospalmen, kühle Wasserfälle in tropischen Regenwäldern, feuerrot blühende Flamboyantbäume, orange- und lilafarbene Bougainvilleensträucher, Fische in allen Regenbogenfarben und dunkelgrün schimmernde Kolibris und, nicht zuletzt, freundliche Menschen, die den Gästen offen und selbstbewusst begegnen und ihre Lebensfreude bei Musik und Tanz zeigen.

Tatsächlich scheint hier fast immer die Sonne. Die beständige Brise aus dem Nordosten macht das Klima jedoch gut verträglich. Sollte es dennoch einmal regnen, handelt es sich meist um einen kleinen

Erfrischung: Kinder auf St. Lucia

Schauer, der nach ein paar Minuten der Sonne wieder Platz macht. Das schöne Wetter ist natürlich ideal für alle Wasserratten. Schnorchelnd oder tauchend lassen sich Korallenriffe erkunden, die meisten Hotels verleihen Surfbretter, Kajaks und Wasserskier, unzählige Charterfirmen vermieten Segelboote mit oder ohne Skipper. Einige Inseln haben noch aktive Vulkane und Regenwälder – wie z. B. Dominica, St. Lucia und Saba –, die zum Wandern einladen und Naturinteressierte locken. Wenn der perfekte Urlaub für Sie Sonnenbaden an makellosen Stränden bedeutet, wenn Sie Nightlife erwarten – Diskos, Spielkasinos, Restaurants –, dann bekommen Sie z. B. auf Barbados, Antigua oder Sint Maarten alles, wonach Ihnen der Sinn steht.

Palmen säumen den Strand in der Grande Anse auf Martinique

Geschichtstabelle

1000 v. Chr. Aus dem Orinoko-Gebiet stammende Indianer (Arawaken) besiedeln von Süden nach Norden den karibischen Raum

1000 n. Chr. Die Kariben verdrängen die Arawaken nach Norden

1492–1504 Kolumbus bereist die Karibik viermal. In der Folgezeit kommen spanische Siedler auf die Kleinen Antillen, ziehen aber meist von dort auf das amerikanische Festland oder auf die Großen Antillen weiter

1536 Pedro a Campo, ein portugiesischer Seefahrer, landet auf Barbados

16.–18. Jh. Zwischen den Inseln der Karibik treiben Piraten und Freibeuter ihr Unwesen

17./18. Jh. Franzosen, Engländer und Holländer siedeln sich im karibischen Raum an. Viele der Inseln werden in dieser Zeit von den europäischen Mächten umkämpft und wechseln mehrfach ihre Besitzer. Die Inseln sind vor allem als Zuckerproduzenten wertvoll und erleben eine wirtschaftliche Blütezeit, die dem massiven Einsatz afrikanischer Sklaven zu verdanken ist.

1833 England schafft die Sklaverei auf seinen Inseln ab

1848 Frankreich schafft die Sklaverei auf seinen Inseln ab

1863 Auch auf den Inseln, die zu den Niederlanden gehören, wird die Sklaverei abgeschafft

Ende des 19. Jhs. Der Zuckerrohranbau geht zurück, da in Europa aus Rüben Zucker gewonnen werden kann

Mitte des 20. Jhs. Nach dem Zweiten Weltkrieg setzt der Tourismus in der Karibik ein und bringt vielen Inseln einen neuen wirtschaftlichen Aufschwung

1966 Barbados wird unabhängig

1973 Die Wirtschaftsorganisation Caricom entsteht, der heute viele Inseln der Kleinen Antillen angehören

1974 Grenada wird unabhängig

1978 Dominica wird unabhängig

1979 St. Vincent/Grenadines und St. Lucia werden unabhängig

1981 Antigua/Barbuda wird ein unabhängiger Staat

1983 St. Kitts/Nevis wird unabhängig. Mit einer militärischen Invasion auf der Insel Grenada stürzen die USA die angeblich kommunistische Regierung

1995–97 Ausbrüche des Vulkans La Soufrière zerstören Montserrats Hauptstadt und den gesamten Südteil der Insel

Jede Insel hat ihren eigenen Charakter, jede ist anders als ihre Nachbarin, auch wenn diese vielleicht nur wenige Kilometer entfernt liegt. Jede Insel hat ihre eigene Geschichte, ihre charakteristische Bevölkerungsmischung, ihre eigene Sprache und ihr eigenes Gesicht. Ihre Bewohner, Nachfahren der Sklaven, haben sich im Laufe der Jahrhunderte mit Indern, Chinesen, Arabern, Engländern und Einwanderern der ganzen Welt vermischt. Hier leben Schwarz und Weiß in allen Erscheinungsformen zusammen, Muslime verstehen sich mit Hindus, Rastamänner mit Methodisten, Hoteliers mit Marktfrauen. Der gemeinsame Ursprung hat soziale, religiöse und kulturelle Barrieren weitgehend aus dem Weg geräumt. Dass die einzelnen Inseln politische, wirtschaftliche und soziale Unterschiede aufweisen, verdankt sich eher geografischen und geologischen Voraussetzungen. Die französischen Inseln haben als Teil der Grande Nation (und mit deren finanzieller Unterstützung) einen relativ hohen Lebensstandard. Auch den US Virgin Islands geht es mit dem Dollar als Landeswährung eher gut, während Inseln wie z. B. St. Vincent mit weniger entwickeltem Tourismus und einer Arbeitslosenquote von rund 20 Prozent mit den sozialen Folgen (Prostitution, Drogen, Aids) wirtschaftlicher Schwäche zu kämpfen haben.

> **Jede Insel hat ihren eigenen Charakter**

Die Inselkette der Kleinen Antillen erstreckt sich in einem etwa 800 km langen, sanft geschwungenen Bogen von der Küste Südamerikas bis südöstlich von Puerto Rico. Viele der Inseln sind vulkanischen Ursprungs. Das lässt sich nicht nur an den oft steil aus dem Meer aufsteigenden Küsten und den schroffen Bergen im Inland erkennen, sondern auch an vielen, nur zeitweise ruhenden Vulkanen, an hei-

Die Tobago Cays gehören zu den Grenadinen, Windward Islands

ßen Quellen und Schwefeldämpfen, die unvermutet aus Felsspalten aufsteigen. Dieser unruhige geologische Untergrund der Inseln bedeutet für deren Bewohner nicht nur den Segen eines fruchtbaren Bodens, sondern auch eine ständige Gefahr. Nur einige Inseln sind flach und zeugen so von ihrer Entstehung aus gehobenen Kalksteinsedimenten – meist die Überreste von Korallenbänken, die man z. B. auf Barbados oder Anguilla finden kann.

Die Karibik ist ein subtropisches Gebiet. Im Unterschied zu den gemäßigten Breiten fehlen hier die uns gewohnten Jahreszeiten. Temperaturunterschiede zeigen sich eher im Laufe eines Tages als im Laufe des Jahres. Dennoch gibt es *seasons:* Im Sommer und Herbst steigen die Temperaturen geringfügig an, es fallen mehr Niederschläge – eine feuchtwarme Regenzeit. Im Spätsommer kann es vorkommen, dass aus dem südöstlichen Atlantik ein Hurrikan seinen zerstörerischen Weg durch die Karibik und weiter in den Süden der USA nimmt.

Die Karibik war vom 16. bis zum 19. Jh. eine wichtige Drehscheibe im Warenverkehr zwischen dem amerikanischen Doppelkontinent und Europa. Als Kolumbus 1492 die Inseln betrat, läutete er eine neue Epoche für die Region ein. Die Inseln waren zu dieser Zeit von Indianerstämmen besiedelt, die in Kanus aus Südamerika gekommen waren. Da Kolumbus glaubte, einen westlichen Seeweg nach Indien gefunden zu haben, hielt er diese Menschen für »Inder«. Noch heute erinnert die Bezeichnung Indianer an diesen Irrglauben, ebenso wie

der im Angelsächsischen verbreitete Begriff *West Indies* für den karibischen Raum.

Die Besiedlung der Inseln durch europäische Einwanderer leitete eines der düstersten Kapitel in der Geschichte der Karibik, aber auch Europas ein. Die Kleinen Antillen waren nicht reich an Bodenschätzen. Dafür hatten sie aber fruchtbares Land, und schon bald fand sich auch ein gewinnträchtiges Anbauprodukt: Zucker. Allerdings war der Anbau von Zuckerrohr – damals wie heute – ein arbeitsaufwändiges Unternehmen. So kamen findige Europäer bald auf den Gedanken, die harte Arbeit auf den Plantagen von afrikanischen Sklaven verrichten zu lassen – die Indianer hatten sie zuvor ja schon fast ausgerottet. Für die Europäer entstand ein lukrativer Dreieckshandel, der den Afrikanern unendliches Leid brachte. In Schiffen zusammengepfercht, wurden die Sklaven von der westafrikanischen Küste verschleppt und, falls sie die Überfahrt überlebten, auf den Märkten der Zuckerinseln an die Pflanzer verkauft. Da die Sklaven kaum mehr als zehn Jahre härtester Arbeit auf den Plantagen durchstanden, stieg der Bedarf stetig. Nach dem Verkauf der Sklaven wurden die nun leeren Bäuche der Schiffe mit Zucker und Zuckerprodukten für Europa beladen. Dort wiederum wurden Halbfertig- und Fertigprodukte eingekauft, die man in Afrika gegen neue Sklaven eintauschen konnte.

Die Sklaverei in der Karibik wurde im 19. Jh. beendet. Zeitlich fiel ihr Ende mit dem Niedergang von »König Zucker« zusammen, denn in

Zuckerrohr und Sklavenhandel

Seilbahn über der Bucht von Charlotte Amalie, St. Thomas

Europa war mit dem Rübenzucker ein Konkurrenzprodukt auf den Markt gekommen, das viele Plantagen auf den Antillen in den Konkurs trieb. Die europäischen Staaten erließen nach und nach Gesetze zur Abschaffung der Sklaverei in ihren Kolonien: Großbritannien (1833) zuerst, die Niederlande (1863) zuletzt. Nach dem Zweiten Weltkrieg begann ein Prozess der politischen Umorganisation, der etlichen Kolonien die Unabhängigkeit brachte: Die meisten einst britischen Inseln sind heute eigenständige Staaten oder Teile eines Staatenverbunds. Die Niederländischen und die Französischen Antillen wurden dagegen zu überseeischen Provinzen ihrer Mutterländer, sind also völkerrechtlich Teile Europas. Ähnlich verhält es sich mit den US Virgin Islands (USA), während die British Virgin Islands noch eine britische Kronkolonie sind.

> *Selbstbewusst, freundlich, offen*

Die größte Einnahmequelle ist heute der Tourismus. Damit stehen die Inseln aber auch vor den typischen Problemen aller Tourismusländer: Sie sind abhängig von der Konjunktur in den Heimatländern ihrer Gäste und von anderen Faktoren, die das Urlaubsverhalten beeinflussen. Der Golfkrieg Anfang 1991 und die Anschläge auf das New Yorker World Trade Center vom 11. September 2001 hatten z. B. katastrophale Auswirkungen auf die Buchungen in dieser Region.

Die Inseln tun deshalb für ihre Gäste, was ihnen möglich ist. Die Größeren verfügen inzwischen über eine Infrastruktur, die kaum Wünsche offen lässt. Die Kleineren bemühen sich nach Kräften, ihre jeweils typischen Vorteile in ein gutes Licht zu rücken. Für alle Inseln gilt, dass die Einwohner Besuchern, die ihnen mit Respekt begegnen, offen und freundlich entgegentreten.

Piraten, Rum und schlafende Vulkane

Die Karibik ist nicht nur geologisch eine unsichere Zone, auch historisch kehrte selten Ruhe ein. Der Zucker brachte wenigen Reichtum und vielen Leid

Architektur

Die Kolonialherren haben ihre Siedlungen mit Kathedralen, Palästen und prächtigen Bürgerhäusern so geschmückt, wie sie es von den Städten zu Hause gewohnt waren. Vieles von dem, was sie errichteten, fiel jedoch den Tücken des Klimas, Feuersbrünsten, Kriegen und Stürmen zum Opfer. Stein war ein seltener Baustoff, der oft durch Holz ersetzt wurde, das schneller verrottet. Daher gibt es nicht so viele Baudenkmäler auf den Kleinen Antillen wie in den europäischen Mutterländern. Dennoch kann man manches Kleinod finden. Besonders interessant sind die alten Herrenhäuser der Plantagen, die so genannten *Great Houses*, die noch den Wohlstand ihrer ehemaligen Besitzer erkennen lassen, auch wenn sie nur selten restauriert wurden. An ihnen lässt sich ebenso wie an den farbenfrohen kleinen Häuschen der weniger Betuchten erkennen, wie die Architektur an die Gegebenheiten des Klimas angepasst wurde. Umlaufende, überdachte Veranden schützen die im Inneren gelegenen Räume vor direkter Sonneneinstrahlung, lassen aber durch die zahlreichen, meist mit Jalousien statt mit Glasscheiben versehenen Fenster jeder kleinen Brise die Möglichkeit, kühlend durchs Haus zu streichen. Ob der Architekt eines modernen Hotels gut war, lässt sich oft daran erkennen, inwieweit er diesen althergebrachten und bewährten Baumustern folgte.

Cristobal Colón

Christoph Kolumbus war der erste europäische Tourist in der Karibik. Heute weiß jeder Lokalpatriot auf den Antillen stolz zu berichten, wann und auf welcher seiner Reisen Colón (so die spanische Fassung seines Namens) die Inseln gesichtet oder gar entdeckt hat. Historisch gesichert sind die vermeintlichen Fakten keineswegs, denn das Bordbuch, die Augenzeugenberichte und die Karten des Entdeckerzeitalters stellen keine zuverlässigen Quellen dar. Aber vielleicht ist es ja auch gar nicht so wichtig …

Flora und Fauna

Viele Inseln der Antillen sind Paradiese für Naturkundler. Ob Sie nun an Vögeln oder Reptilien, an Orchi-

Blütenpracht auf dem Weg von Roseau nach Marigot, Dominica

Bunter Papagei auf St. Lucia

Kitts leben auch Affen. Die Welt der Reptilien hat ein paar besonders schöne Exemplare zu bieten, sehr große Leguane und Schlangen wie z. B. die Boa constrictor – Giftschlangen sind jedoch selten. Auf Wanderungen im Regenwald kann man mit etwas Glück auch bunte Schmetterlinge oder nicht minder farbenfrohe Käfer beobachten. Während einer Regenwaldwanderung wird der Pflanzenfreund vor Neid erblassen: All das, was in gemäßigtem Klima mit sorgfältiger Pflege im Blumenfenster oder im Gewächshaus mühsam am Leben erhalten wird, wächst hier in kraftstrotzender, wuchernder und farbiger Fülle: Philodendren, Palmen, Baumfarne und Bromelien, Orchideen und Farne, Bananen, Drachenbäume, Bambus und viele Pflanzen mehr.

Vor den Küsten der Inseln erstreckt sich ein weitläufiges Unterwasserreich, das lohnt, vorsichtig erforscht zu werden. Eine Taucherausrüstung ist nicht unbedingt erforderlich, denn Fische und Korallen lassen sich mit Schnorchel und Brille, mitunter schon mit bloßem Auge vom Boot aus beobachten.

Einige Inseln sind für Naturbegeisterte besonders zu empfehlen. Am schönsten ist Dominica mit seinen ausgedehnten Regenwäldern, seinen malerischen Wasserfällen und Tauchrevieren vor der Küste. Auf Guadeloupe befindet sich der Vulkan La Soufrière in einem großen Nationalpark. St. Lucia hat neben schönen Regenwäldern und den Piton-Bergen ebenfalls einen Vulkan zu bieten, in dessen Krater Sie (nicht ganz) mit dem Auto fahren können – ein so genannter »Drive-In-Vulcano«.

deen oder Kakteen interessiert sind, hier finden Sie fast immer seltene endemische, also nur in begrenzten Gebieten auftretende Arten. Oft sind sie leider – wie die schönen Papageien von St. Vincent, St. Lucia oder Dominica – akut vom Aussterben bedroht, da Wilderer seit Jahrzehnten die Bestände verringern, um die Nachfrage europäischer und nordamerikanischer »Liebhaber« zu befriedigen. Mit einem ortskundigen Führer können Sie jedoch hoffen, im frühen Morgengrauen eines dieser Urwaldjuwelen zu erblicken.

Die Vielfalt der Arten im Pflanzen- wie im Tierreich ist bemerkenswert. Eine Ausnahme bilden nur die Säugetiere. Es gibt nur sehr wenige, kleine Arten auf den Inseln, Mungos z. B. oder das Nagetier Aguti. Auf Barbados und St.

Auf anderen Inseln ist das Angebot nicht ganz so reichhaltig, aber fast immer findet sich eine kleine Schlucht mit epiphytenbewachsenen Bäumen, ein kleiner Nationalpark oder wenigstens ein botanischer Garten.

Hurrikan

Nicht jede *hurricane-season* beschert den Kleinen Antillen einen Tropensturm. Nicht jeder Hurrikan, der eine der Inseln berührt, richtet größere Schäden an. Stürme, die mehrere Inseln in Mitleidenschaft ziehen, sind sogar die Ausnahme. Dazu gehörten indes die Hurrikane Louis und Marylin, die im September 1995 im Abstand von nur zehn Tagen über die nördliche Karibik fegten und vor allem auf Sint Maarten und St. Thomas erhebliche Schäden hinterließen. Der letzte große Sturm, Ivan, hat 2004 besonders auf Grenada gewütet. Seine Spuren sind aber größtenteils schon beseitigt.

Indianer

Die Ureinwohner der Kleinen und Großen Antillen waren Indianer. Zuerst kamen die Arawaken aus dem Orinoko-Gebiet (Südamerika) und besiedelten in der Zeit von Christi Geburt bis zur Ankunft der Europäer die Karibik von Süden nach Norden. Sie waren friedliebende Bauern und Fischer, die auf vielen Inseln von den später nachströmenden, kriegerischen Kariben verdrängt wurden. Weder die Arawak-Stämme noch die Kariben konnten sich gegen die Spanier zur Wehr setzen. Sie fielen der Zwangsarbeit in den Minen, den eingeschleppten Krankheiten und dem systematischen Völkermord der Ko-lonialherren zum Opfer. Heute gibt es nur noch auf sehr wenigen Inseln nennenswerte Bevölkerungsgruppen, in deren Adern indianisches Blut fließt.

Kannibalen und Karibik

Es ist leicht zu erkennen, dass der Name »Karibik« für die gesamte Region auf seine ursprünglichen Bewohner zurückgeht, die Kariben (dass sie keineswegs die ersten Siedler dieser Gegend waren, wird mit der Namensgebung schlicht unterschlagen). Weniger leicht erkennbar ist jedoch, dass sich auch der europäische Begriff für Menschenfresserei vom Namen der Kariben ableitet: Die Kariben waren Kannibalen. So behaupteten es wenigstens die ersten spanischen Siedler und Eroberer der Inseln, die damit einen guten Grund zu haben glaubten, sich der lästigen Ureinwohner zu entledigen. In der Wissenschaft sind diese Berichte der Spanier indes umstritten.

Kreuzfahrten

Eine schöne Alternative zum stationären Aufenthalt auf nur einer Insel ist eine Kreuzfahrt durch die karibische Inselwelt. Seit Jahren schon bieten immer mehr Reedereien solche Touren mit Landgängen auf verschiedenen Inseln an. Die bekanntesten Veranstalter sind *Hapag-Lloyd-Seetouristik (www.hapag-lloyd.de/kreuzfahrten)* und *Cunard/NAC (www.cunard.com)*.

Nelson

Horatio Nelson (1758–1805), der Sieger der Schlacht von Trafalgar, lernte sein Handwerk als Seemann in der Karibik. Doch der junge Offizier zeichnete sich nicht nur als

Eine eigenwillige Sprache

Man spricht nicht Englisch, sondern Westindisch

Die Bewohner der britischen Inseln sprechen nicht einfach nur Englisch. Sie sprechen »Westindisch«, eine melodiöse Sprache, die mit eigener Grammatik und Idiomen schon für Engländer schwer zu verstehen ist. Für deutsche Ohren ist das Westindische, will man miteinander redende Einheimische »belauschen«, hoffnungslos, zumal es extrem schnell gesprochen wird. Redewendungen wie *I don't know* (Ich weiß es nicht) werden in der landesüblichen Sprache zu *me na no*. *I'll see you later* (bis bald) schrumpft zu einem knappen *lata*; *the worst place* (der schlimmste Ort) ist *de wussest place*. Natürlich haben sich die Inselbewohner, die mit ausländischen Gästen zu tun haben, ein gewisses »Amerikanisch« zugelegt, weshalb es kaum zu sprachlichen Problemen kommen wird, wenn man des Englischen einigermaßen Herr ist.

umsichtiger Befehlshaber der britischen Karibikflotte aus, er war auch in seinen Privatangelegenheiten ein vorausplanender Mensch – wenn auch nicht immer mit Erfolg. Auf der Insel Nevis lernte er die junge Witwe Nisbet kennen, die im Ruf stand, eine sehr gute Partie zu sein. Nach der Hochzeit musste Nelson erkennen, dass ihr Wohlstand bei weitem nicht so groß war, wie er angenommen hatte, sodass ihm die erhoffte Sicherung eines standesgemäßen Lebensstils doch nicht gelungen war.

Piraten

Die Freibeuter, Piraten und Bukaniere waren im 16., 17. und 18. Jh. die wahren Herren der Karibischen See. Besonders die mit reichen Gold- und Silberschätzen aus der Neuen Welt beladenen spanischen Galeonen waren eine willkommene und oft auch leichte Beute. Henry Morgan, Blackbeard und all die anderen verwegenen Gesellen schreckten auch keineswegs davor zurück, selbst gut befestigte Städte auf den Inseln zu überfallen und auszuplündern. Ein Ende nahm das Piratenunwesen erst, als die europäischen Großmächte davon abließen, diese undisziplinierten und unberechenbaren Banden als Hilfstruppen in den Stellvertreterkriegen einzusetzen, die sie in der Karibik untereinander ausfochten.

Religion

Die meisten Bewohner der englischsprachigen Inseln sind Anhänger verschiedener protestantischer Religionsgemeinschaften. Jede dieser Inseln hat eine (oder mehrere) methodistische, baptistische, anglikanische, adventistische Kirche und die Church of God. Auf den Französischen Antillen dominiert die römisch-katholische Kirche. Außerdem gibt es auf allen Inseln Hindus und Muslime.

Rum

Trinken Sie Rum! Mit Bedacht genossen, gehört er zu den kulinarischen Höhepunkten eines Karibik-Aufenthalts. Das aus Melasse (ein Abfallprodukt, das beim Pressen des Zuckerrohrs anfällt) hergestellte Getränk ist das letzte Zeugnis der ehemaligen Herrschaft des Zuckers auf den Inseln. Noch heute hat fast jede der Kleinen Antillen ihre eigene Marke, oft sogar mehrere, sodass man sich schwer tut, seinen persönlichen Favoriten zu küren.

Vulkane

Die Karibik ist, wie das mittelamerikanische Festland, eine geologisch unruhige Zone. Viele Vulkane sind nicht erloschen, sondern nur nicht aktiv. Große Schäden hinterließ der Vulkanausbruch auf Montserrat: Zwischen 1995 und 1997 zerstörten mehrere Eruptionen Teile der Insel und die Hauptstadt Plymouth. Die meisten der inaktiven Vulkane haben markierte Wege, sodass auch weniger trainierte Besucher sie begehen können. Besonders empfehlenswert ist eine Besichtigung auf Dominica, Guadeloupe, Martinique, St. Vincent und St. Lucia.

Zucker

Der Zucker regierte für lange Zeit das Leben auf den Kleinen Antillen. Die Inhaber der großen Plantagen bestimmten das politische und soziale Leben, obwohl sie oft als *absentee landlords* in London oder Paris residierten und ihre Besitztümer von Verwaltern führen ließen. Unermesslicher Reichtum und die damit verbundene Macht lagen in den Händen nur weniger Familien – geschaffen von einem Heer afrikanischer Sklaven, die für den Luxus ihrer Herrschaften oft genug ihr Leben lassen mussten. Erst der Anbau von Zuckerrüben in Europa brachte dem Plantagenwesen in der Karibik den Niedergang.

Guadeloupe: Zuckerrohr sorgte für den Reichtum der europäischen Pflanzer

Kreolische Küche und Cocktails

Die einheimischen Gerichte sind voller Überraschungen, aber es wird auch Kulinarisches aus der ganzen Welt geboten

Die Karibik ist ein Paradies für Leute, die gerne und gut essen, aber auch für jene, die nicht ganz so anspruchsvoll sind. Hier kann man noch Neues erleben, und das Altbekannte bekommt man in einer Qualität geboten, die keinen Vergleich zu scheuen braucht. Die Speisen der internationalen Küche werden in den Hotelrestaurants dekorativ angerichtet. Und das, obwohl es bestimmt nicht leicht ist und außerdem sehr teuer, in diesen Gefilden den Nachschub an schottischem Lachs und französischer Gänseleberpastete zu organisieren. Wem aber der Sinn danach steht, der kann sogar amerikanisches Fastfood bekommen: vom Hamburger bis zum Kentucky Fried Chicken.

Nur wenn Sie nicht aufpassen, bringen Sie sich um einen der größten Genüsse: den der karibischen Küche! Auf den Inseln werden Speisen serviert, die man zu Hause lange suchen muss. Halten Sie also Ausschau nach Restaurants, die *Creole Food, Home Cooking* oder (auf Barbados) *Bajan Cuisine* anbie-

ten: Fische und Meerestiere aus der Karibischen See, Obst und Gemüse aus den Gärten und von den Plantagen der jeweiligen Insel. Außerdem wandert manchmal allerlei Exotisches aus dem Regenwald in den Kochtopf: Gürteltier, Leguan und Riesenfroschschenkel.

Zubereitung und Geschmack der Speisen fallen auf jeder Insel etwas anders aus. Das *Creole Cooking* ist meist den Kochkünsten der Plantagensklaven zu verdanken, es spiegelt aber auch die Küche der ehemaligen Kolonialherren wider. Auf den Französischen Antillen macht sich das Erbe der Grande Nation bemerkbar, auf anderen Inseln lässt sich der Einfluss der Briten nicht verkennen.

Interessant sind vor allem die heimischen Gewürze. Muskatnuss, Ingwer, Nelken und Chili fehlen in fast keinem Gericht. Aber auch Tamarinde, Zitronengras, Zimt und Muskatblüte werden auf den Inseln geerntet und in die ganze Welt exportiert. Hübsch verpackt und in einem Körbchen drapiert, sind sie ein wunderbares Mitbringsel und können daheim, z. B. beim Kochen eines Ziegencurrys, noch einmal in tropische Gefilde zurückversetzen.

Eine dekorative Versuchung: exotische Cocktails, eisgekühlt und mit Blüten verziert

Kreolische Spezialitäten

Accras – Fisch- oder Gemüse-krapfen (franz. Inseln)

Blaff – gedünsteter Fisch mit Zitrone, Knoblauch und vielen Kräutern (franz. Inseln)

Boiled fish – Fischeintopf, meist Grouper oder Snapper

Boiled yam – gekochte Süßkartoffel, Beilage zu Gemüse und Fleisch oder Fisch

Calalou – spinatartige Gemüsesuppe

Colombo – Fleischcurry, als *Colombo de cabri* ein Ziegen-fleischcurry (franz. Inseln)

Conch – das Fleisch der großen Meeresschnecke (auch *lambi* genannt) wird in Bierteig aus-gebacken und als *fritters* oder als Suppe oder Curry angeboten

Cray fish – Süßwasserkrebse (Dominica)

Flying Fish – ausgebackener Fliegender Fisch (Barbados)

Fried plantain – gebratene Kochbanane

Goatwater – eine Art Irish Stew mit Ziegen- oder Hammelfleisch, oft auch als Suppe gegessen

Jerk pork/chicken – scharf mariniertes, gegrilltes Schweine-/Hähnchenfleisch

Johnny cake – ausgebackener Teigkloß, Beilage zu Fisch oder Fleisch

Lobster – Langustenart, mit Gewürzen mariniert und gegrillt oder gebacken

Mountain Chicken – gebackene Froschschenkel, die im Geschmack an Hähnchen erinnern (Dominica)

Ocra – bohnenartiges Gemüse

Patties – gewürzte Teigtaschen mit Gemüse, Fisch oder Fleisch

Pepperpot – herzhafter (gut gepfefferter) Eintopf mit Ochsen-schwanz und anderem Rindfleisch

Pumpkin Soup – Kürbiscremesuppe

Rice and beans/lentils – Reis mit Bohnen/Linsen als Beilage zu Fisch und Fleisch

Roti – aus der indischen Küche stammendes, mit Curry gewürztes Hähnchen-Kartoffel-Mus, das in dünne Brotfladen gewickelt wird

Saltfish with ackee – gepökelter Stockfisch mit nach Rührei schmeckendem Gemüse

Squid Stew – Tintenfischeintopf

Zu allen Gerichten werden Kochbananen, Süßkartoffeln, Brotfrucht oder Okra-Schoten serviert. Als Nachspeise gibt es Obst in allen Variationen – Bananen, Ananas, Mangos, Papayas, aber auch mit Rum gebackene Kuchen, Kokosnusspudding oder Meloneneis.

Als Vorspeisen werden gerne *fritters* serviert, in Bierteig gebackene Conch- (Seeschnecken) oder Lobsterteile. Auch herzhafte Eintöpfe wie *pepperpot*, rote Linsensuppe, *calalou* oder Kürbiscreme stehen auf den meisten Karten.

Auf den französischen Inseln isst man vorzüglichen *blaff*, ein würziges Fischgericht. Eine wichtige Rolle spielt auch der Lobster, der eigentlich kein Hummer, sondern eine Languste ist. Diesen Genuss sollten Sie sich nicht entgehen lassen! Unbedingt ausprobieren sollten Sie auch das aus der indischen Küche stammende *roti*, das meist mit Mango-Chutney gereicht wird. Eine besondere Empfehlung verdient das karibische Barbecue, das auf nahezu allen Inseln am Wochenende am Straßenrand veranstaltet wird (siehe »Angesagt«, Seite 100).

Grundsätzlich gibt es auf fast allen Inseln chinesische, italienische, auf manchen indische sowie auf dem niederländischen Sint Maarten auch indonesische Restaurants mit mehr oder weniger guter Küche und entsprechenden Preisen.

Wer isst, wird auch trinken wollen, und gerade bei den hohen Temperaturen, die hier meistens herrschen, werden Sie schnell das Bedürfnis nach einer kühlen Erfrischung haben. Je nach Geschmack können Sie zwischen verschiedenen Fruchtsäften und Sodas wählen. Die so genannten *local drinks*, selbst gemachte Säfte aus Guaven, aus *soursop* – einer grünen, säuerlichen Frucht – oder aus Ananas, sind oft stark gezuckert. Wer weniger süße Getränke bevorzugt, sollte sich an Grapefruit- oder Preiselbeersaft *(cranberry juice)* halten oder sich von einem Einheimischen eine frische Kokosnuss aufschlagen lassen und den klaren Saft direkt aus der Schale trinken. Köstlich ist auch der *fruit punch,* eine Mischung aus verschiedenen Früchten, der versetzt mit Rum auch als *rum punch* getrunken wird. Allerdings ist es eher ein Touristengetränk. Die Kariben ziehen Cola-Rum oder Wodka vor. Oder versuchen Sie es doch einmal mit karibischem Bier, z. B. der Sorte *Carib.* Die einheimischen Biersorten sind in der Regel leichter und alkoholärmer als die (teuren) importierten.

Grundsätzlich sollten Sie bei der Wahl Ihrer Getränke nicht vergessen, in welchen Gefilden Sie gerade Urlaub machen. Die Karibik ist das Reich des Zuckerrohrs, und das dient nicht nur zur Herstellung von Raffinade, sondern auch als Grundstoff für Rum. Nirgendwo auf der Welt werden Sie einen besseren bekommen. Probieren Sie unbedingt einen *Mount Gay* aus Barbados, am besten pur, oder lassen Sie sich einen der unendlich vielen Cocktails zubereiten, die, auf Rumbasis mit Säften und Likör gemischt, immer wieder neue Geschmacksnuancen entwickeln: einen *planters punch* z. B., einen *daiquiri,* einen *mai tai* oder einen *zombi.* Sie werden schnell Ihren Favoriten finden.

Wo Sie bei den Restaurants in diesem Band keine Angabe zu einem Ruhetag finden, sollte täglich geöffnet sein.

Kakao, Gewürze und Rum

Echte karibische Souvenirs sind selten, aber auf den meisten Inseln werden internationale Markenartikel zollfrei angeboten

Neben dem Anbau und Export von Zucker war der Handel in den vergangenen Jahrhunderten die wichtigste wirtschaftliche Stütze der Kleinen Antillen. Die Inseln hatten, ebenso wie die nördlicheren Großen Antillen, die Funktion einer Drehscheibe zwischen den europäischen Heimatländern und den Kolonien auf dem amerikanischen Festland. Hier wurden Rohstoffe vom Kontinent und Fertigwaren aus Europa umgeschlagen, und immer verdienten geschäftstüchtige karibische Händler mit. Einigen Inseln wurde in dieser Zeit der Status von Freihäfen eingeräumt, sodass für die gehandelte Ware weder Steuern noch Zölle entrichtet werden mussten. Solche Privilegien gibt man natürlich nicht auf, und so sind heute noch einige Inseln der Kette ein wahres Einkaufsparadies für Kreuzfahrer und Touristen. Sint Maarten und die US Virgin Islands locken mit einem Warenangebot, das dem europäischer Metropolen kaum nachsteht. Inzwischen haben sich auch die meisten anderen Inseln auf diese lukrative Einnahme-

In Charlotte Amalie, St. Thomas, locken Läden mit zollfreien Waren

quelle besonnen; fast überall gibt es in der Hauptstadt ein eigenes Einkaufsviertel, in dem man nach Vorlage seines Reisepasses und des Flugtickets zollfrei einkaufen kann: Spirituosen, Parfümerieartikel, japanische Unterhaltungselektronik, Schmuck, Schweizer Uhren und Tabakwaren.

Achten Sie auf die Freigrenzen, die Ihnen der heimatliche Zoll bei der Rückkehr einräumt. Vergewissern Sie sich bei den optischen, elektrischen und elektronischen Geräten, dass Sie eine internationale Garantiekarte erhalten und dass das Netzteil auf Ihre heimatliche Stromspannung ausgelegt ist. Oft sind die Geräte nur auf 110 Volt ausgerichtet.

Typisch karibische Souvenirs findet man dagegen seltener. Hübsch verpackte Gewürze aus Grenada sind eine die Sinne anregende Erinnerung. Auch mit Gewürzen veredelter Kaffee oder Kakao oder exotische Konfitürensorten erfreuen den Genießer. Vielleicht nehmen Sie sich eine Flasche Ihres Lieblingsrums oder ein mit Inselmotiven bedrucktes, buntes Shirts mit, oder Sie bringen sich für die grauen Wintertage daheim eine bunt gewebte Hängematte mit.

Feste, Events und mehr

Das wichtigste Fest auf allen Inseln ist der Carnival (Karneval)

Die Tradewinds vermögen es vielleicht, den karibischen Sommer einigermaßen kühl zu halten – gegen die Hitze des Carnivalfiebers

Karneval auf Guadeloupe

kommen sie nicht an! Jede Insel hat »ihren« ★ Carnival zu einer bestimmten Jahreszeit. Dann ist im wahrsten Sinne des Wortes »der Teufel los«, denn Satansmasken dürfen nicht fehlen. Die buntesten, phantasievollsten Kostüme werden auf den Straßen tanzend vorgestellt. Bei Kings- und Queensshows

werden die Kandidaten an den Gewinnern des Vorjahres gemessen, nonstop untermalt von den Klängen der Steeldrums. Calypsosänger präsentieren ihre frechsten Songs – eine westindische Tradition, bei der Politik und Tagesgeschehen musikalisch aufs Korn genommen werden. Alles ist in Bewegung, jeder lässt die Hüften kreisen *(wining)* und tanzt. »It's a blast«, eine Party auf Hochtouren.

Feste und Veranstaltungen

Januar
Grenada Sailing Festival, Segelregatta mit Kunsthandwerksmarkt und Straßenfest
Barbados Jazz Festival, internationale Musiker und einheimische Talente, *www.barbadosjazzfestival.com*

Februar
Holetown Festival Barbados, Gedenktag für die ersten europäischen Siedler 1627

Insider Tipp *Carnival* auf den Französischen Inseln
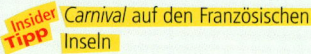

März
Carnival auf Dominica und Virgin Gorda

April

Oistins Fish Festival Barbados, großes Straßenfest im Fischerdorf Oistin mit Bootsrennen, Angelwettbewerben, Tanz. *Info: Tel. 246/427 32 72*

Insider Tipp *Sailing Week Antigua,* mehr als 300 Boote aller Klassen treten zum Rennen an. *Info: Tel. 268/462 88 72*

Carnival auf Sint Maarten, St. Thomas und St. Croix

Spring Regatta, Bootsrennen zwischen den British Virgin Islands. *Info: Tel. 284/494 32 86*

Easter Regatta auf Grenada, Motorbootrennen, Dinghirennen, Musik

Mai

Insider Tipp *Jazzfestival* auf St. Lucia, Open-Air-Veranstaltung mit riesigem Andrang; internationale Jazzlegenden sowie Soca, Zouk, Reggae und Salsa. *www.stluciajazz.com*

Carnival auf Barbuda

★ *Foxy's Wooden Boat Regatta* auf Jost van Dyke, Holzbootrennen in Great Harbour. *Info: Tel. 284/495 98 91*

Juni

Carnival auf St. Vincent

St. Kitts Music Festival, Rock, Blues, Reggae, Calypso, Gospel, Rap. *Info: Tel. 869/465 40 40*

Juli

Crop Over Festival auf Barbados, Paraden und Calypsowettbewerb zum Zuckerrohrerntefest. *www.barbados.org/cropover.htm*

Carnival auf St. Vincent, Antigua, Saba, Sint Eustatius, St. John, St. Lucia

August

Carnival auf Grenada, Tortola und Anguilla

St. Lucia Racing Festival, Regatta, Party, Straßenfeste

September

National Dance Festival St. Vincent, klassischer Tanz, Volkstanz, Ballett, Steptanz

Oktober

World Music Creol Festival auf Dominica, drei Tage kreolische Musik, Tanz, kulturelle Veranstaltungen. *Info: Tel. 473/448 48 33*

November

National Independence Festival of Creative Arts auf Barbados, Theater, Konzerte, Ausstellungen

Dezember

Carnival auf St. Kitts/Nevis

Saba Days, Mini-Carnival mit Eselrennen, Steelbands und Tanz

Leinen los zur Sailing Week Antigua

In der Heimat der Bajans

Die Bajans, wie die Bewohner von Barbados genannt werden, fühlen und denken britisch

Mit einem Anflug von Stolz in der Stimme nennen die Bewohner ihre Insel »Little England«. Und in der Tat, man spürt, dass hier das Vereinigte Königreich jahrhundertelang das Zepter führte und es noch heute tut. Barbados ist eine konstitutionelle Monarchie mit der englischen Königin an der Spitze. Ihr Vertreter auf der Insel, der Generalgouverneur, ernennt nach britischem Vorbild den Premierminister und die Minister. Auch sonst ist das englische Erbe allgegenwärtig. Für die Briten ist Barbados eines der beliebtesten Urlaubsziele der Karibik. Hier spricht man ihre Sprache, hier pflegt man ihre Sitten – *teatime* und *English breakfast* –, hier lebt man wie zu seligen Kolonialzeiten.

Kreolische Eleganz: Zuschauerin beim Crop Over Festival

Barbados gehört zu den wenigen Karibikinseln, deren Wirtschaft intakt ist. Zucker und andere Zuckerrohrprodukte haben nach wie vor einen wichtigen Anteil am Export – der Mount Gay Rum aus Barbados ist einer der besten der Welt. Der Tourismus ist eine weitere wichtige Einnahmequelle. Die Südwie die Westküste der Insel sind mit schönen Hotels und Ferienanlagen bebaut. Sehr früh schon wurden restriktive Bauvorschriften erlassen, sodass die Landschaft durch die intensive Bebauung nur wenig in Mitleidenschaft gezogen wurde.

Barbados ist nicht vulkanischen Ursprungs, sondern nur eine angehobene flache Platte aus Korallenkalk. Im Südwesten, an der Carlisle Bay, liegt die Hauptstadt Bridgetown, deren Vororte nach Osten und Norden allmählich in die weitläufigen Zuckerrohrfelder übergehen. Im Ballungsgebiet Bridgetown vermag man sich vorzustellen, dass die Bevölkerungsdichte der Insel nur wenig unterhalb der von Hongkong liegt: Barbados gehört mit 268 000 Einwohnern auf 430 km^2 zu den dichtest besiedelten Staaten der Welt. Sobald Sie aber in den Norden kommen oder an die wilde, felsige Ostküste, werden die Wege

Viel Platz an Barbados' Stränden

Brunnen auf dem Trafalgar Square in Bridgetown

zwischen den kleinen Siedlungen länger, Touristen sieht man kaum noch, und auch Bajans begegnet man seltener.

SEHENSWERTES

Andromeda Gardens [137 D3]

★ Die ehemalige Besitzerin Iris Bannochie schuf in langer, liebevoller Kleinarbeit auf dem abschüssigen Gelände um ihr Haus herum eine kleine Parkanlage, die eine Fülle von tropischen, subtropischen und mediterranen Pflanzen beherbergt. Heute wird die Anlage vom Barbados National Trust geführt, der noch einige Umgestaltungspläne von Iris Bannochie verwirklichen will. *Tgl. 9–17 Uhr; Eintritt BDS$ 12, oberhalb von Tent Bay, St. Joseph*

Barbados Wildlife Reserve [136 C2]

Im Wildlife Reserve, einem dicht bewaldeten Gehege, können Sie einheimische Tiere bewundern. Im Unterholz neben den schmalen Pfaden rascheln Landschildkröten ebenso wie die barbadischen *green monkeys*. Ein kleiner Teich beherbergt Krokodile und Fischotter. Die größte Touristenattraktion aber ist eine Freiflugvoliere, die durch eine Art Schleuse betreten wird. In der Voliere befinden sich Vogelarten aus der Karibik und Südamerika. *Tgl. 10–17 Uhr (Busse fahren von Bridgetown, Speightstown und Bathsheba aus zum Farley Hill National Park), Eintritt BDS$ 23*

Bathsheba [137 D3]

Das kleine Dorf (1000 Ew.) an der Ostküste ist vor allem bei den Einwohnern der Insel als Ausflugsziel beliebt. Die felsige Atlantikküste mit ihrer starken Brandung ist ein exzellentes Surfrevier für Fortgeschrittene. Hier werden oft Meisterschaften ausgetragen. Nur beim Baden sollten Sie wegen der unberechenbaren Strömungen und der Brandung sehr, sehr vorsichtig sein!

Insi Tip

Bridgetown [136 B–C5]

Sie ist die Hauptstadt der Insel (ca. 250 000 Ew.) und schließt den alten Hafen ein, der eine verbreiterte Mündung des Constitution River ist. Einen Stadtbummel beginnen Sie am besten in der Hafengegend. Das alte Hafenbecken trägt den Namen *The Careenage*. Er ist eine Erinnerung an die Zeiten, als hier die hölzernen Segelschiffe an Land gezogen wurden, um Ausbesserungsarbeiten am Rumpf durchzuführen. Auf englisch heißt diese Tätigkeit »to careen«. Noch heute legen hier gelegentlich kleinere Frachtschiffe an. Motoryachten, die Boote der Hochseefischer und Segelschiffe sieht man fast regelmäßig. Am Südufer der Careenage erstreckt sich die *Waterfront Arcade* mit einigen Geschäften und Restaurants. Nördlich der Chamberlainbrücke, die über den Fluss führt, liegen der *Trafalgar Square* und die Parlamentsgebäude, in deren Nähe auch die Busse abfahren, die sternförmig alle Ziele auf der Insel ansteuern. Im Süden, hinter der O'Neil Brücke, findet samstags der *Fairchild Market* statt, ein karibischer Wochenmarkt, wie er bunter, lauter und turbulenter nicht sein könnte. Nach Westen erstreckt sich am Hafen entlang *The Wharf*, parallel dazu verläuft im Norden die *Broad Street*, die Haupteinkaufsstraße von Bridgetown.

Harrison's Cave [136 C4]

Da das fließende Wasser und die Tropfsteingebilde mittels farbiger Scheinwerfer effektvoll zur Geltung gebracht werden, kann man nur mit sehr viel Phantasie erahnen, wie die Höhle ausgesehen haben mag, bevor sie »well-developed« (gut entwickelt) wurde. Die englischsprachige Führung weiß jedoch viel Interessantes über die Geschichte der Höhle zu berichten. Trotz der kitschigen Präsentation lohnt sich ein Besuch auf jeden Fall, wenn Sie mit Ihren Kindern Ferien auf Barbados machen; Sie werden einen Heidenspaß haben. *Tgl. erste Tour 9, letzte Tour 16 Uhr, Welchman Hall, St. Thomas, Tel. 246/ 438 66 40 (-5), Eintritt BDS$ 25*

Welchman Hall Gully [136 C4]

★ Wenn Sie einen Eindruck von der Fülle subtropischer karibischer

---

MARCO POLO Highlights »Barbados«

★ **Andromeda Gardens**
Ein Gartenparadies für Blumen- und Pflanzenliebhaber (Seite 28)

★ **Brown Sugar**
Bajan Cuisine mit dem »Flying Fish« – at its best! (Seite 30)

★ **Welchman Hall Gully**
Hier hat der Regenwald etwas von Barbados zurückerobert (Seite 29)

★ **Atlantis**
Tägliches Bajan-Büfett zum Sattsehen und -essen (Seite 30)

Flora bekommen möchten, dann sollten Sie Welchman's Hall Gully nicht auslassen: ein Tal, das sich im Norden der Insel etwa 2 km durch Kalksteinfelsen zieht und zum Naturschutzgebiet erklärt wurde. Wenn es im Gebüsch raschelt, sind es höchstwahrscheinlich die hier heimischen Meerkatzen. *Tgl. 10 bis 17 Uhr, Eintritt BDS$ 12, vom Highway 2 aus zu erreichen, St. Thomas*

MUSEUM

Barbados Museum [136 B5]
Im Komplex der *Garrison Historical Area* südlich des Stadtzentrums von Bridgetown kann man neben einer Reihe interessanter militärischer Gebäude aus dem 19. Jh. auch das staatliche Museum besuchen, das im ehemaligen Armeegefängnis untergebracht ist. Schön die Möbel aus der Kolonialzeit, anschaulich die Ausstellung zur Geschichte des Zuckerrohrs. *Highway 42, Garrison Savannah, Mo–Sa 9–17 Uhr, Eintritt BDS$10*

ESSEN & TRINKEN

Atlantis [137 D3]
★ Jeden Tag gibt's original barbadisches Büfett und Spezialitäten wie *Souse* (Eintopf mit Schweinekopf und -pfoten), *Flying Fish, Pepperpot,* eingelegte *Breadfruit,* Spinatbällchen, *Apple-pie,* Kokosnussgebäck. *Tgl., Bathsheba, St. Joseph, Tel. 246/433 94 45, €*

Brown Sugar [136 C5]
★ In einem Dschungel aus exotischen Pflanzen wird auf überdachten Terrassen unter leise sirrenden Ventilatoren beste Bajan-Küche serviert. Tipp: *Flying Fish. Sa nur*

abends, So geschl., Aquatic Gap, St. Michael, Tel. 246/426 76 84, €€

Josef's [136 C6]
◁▷ Kleinod direkt am Meer. Josef Schwaiger ist Österreicher, seine Küche hat einen karibisch-orientalischen Touch. Reservieren! Vor dem Essen sollten Sie im Garten einen Cocktail trinken und dem Plätschern der Wellen lauschen. *Tgl., Waverly House, St. Lawrence Gap, Tel. 246/435 82 45, €€ – €€€*

Waterfront Café [136 B5]
Vielfältige internationale Küche und Livemusik direkt am Yachthafen von Bridgetown. *So geschl., The Careenage, Tel. 264/427 00 93, € – €€*

EINKAUFEN

Broad Street [136 B5]
An der Haupteinkaufsstraße von Bridgetown liegen mehrere Einkaufspassagen mit Geschäften, die zollfreie Waren verkaufen.

ÜBERNACHTEN

**Bougainvillea
Beach Resort** [136 C6]
◁▷ Direkt am Maxwell Beach inmitten eines tropischen Gartens mit Blick aufs Meer. Luxuriös eingerichtete Zimmer und Studios, Fitnesscenter, Swimmingpool mit Bar. Freundlicher Service. *138 Zi., Maxwell Coast Road, Tel. 246/418 09 90, Fax 428 25 24, res@bougainvillearesort.com, €€ – €€€*

Crystal Cove [136 B4]
◁▷ Auf einem Hügel in einem tropischen Palmengarten liegt dieses Hotel. Von den Balkonen aus hat

man einen schönen Blick aufs Meer. Im Pool gibt's einen Wasserfall, durch den man zur Bar kommt. Am Strand alle Wassersportarten. *88 Zi., St. James, Tel. 246/432 26 83, Fax 432 82 90, €€€*

New Edgewater Hotel [137 D3]
Das kürzlich renovierte Hotel liegt an der rauen Ostküste. Falls Sie Wassersportler sind, sind Sie hier gut aufgehoben. Die Zimmer mit Blick auf den Atlantik sind einen Insidertipp wert. *22 Zi., Bathsheba, St. Joseph, Tel. 246/433 99 00, Fax 433 99 02, www.newedgewater.com, €€ – €€€*

STRÄNDE

An der Westküste tummeln sich eher ältere und betuchtere Gäste, während die Südküste bevorzugt von jüngeren, sportbegeisterten Urlaubern und Einheimischen besucht wird. Gewarnt werden muss vor den Stränden an der Ostküste: Hier gibt es eine starke Brandung und gefährliche Strömungen.

AM ABEND

Baxters Road [136 B–C5]
Der Besuch eines *bajan rumshops* lohnt, weil dort die Einheimischen hingehen. Sie finden einige in der Baxters Road in Bridgetown. Nach Mitternacht wird's, besonders am Wochenende, lebendig.

Harbour Lights [136 B–C5]
Fast jede Nacht Party mit Livemusik. *Bay Street, Marine Villa, St. Michael, Tel. 246/436 72 25*

AUSKUNFT

Barbados Board of Tourism
P. O. Box 242, Harbour Road, Hastings, Bridgetown, Tel. 246/427 26 23, Fax 426 40 80, www.barbados.org

Waterbikes am Strand vor dem Spring Garden Highway bei Bridgetown

Grünes Gold und Regenwälder

Die kleinen Inseln von Grenada bis St. Lucia bieten Ruhe und eine abwechslungsreiche Natur

Bei den geografischen Bezeichnungen für die verschiedenen Inselgruppen, aus denen die Kleinen Antillen bestehen, herrscht ein herrliches Durcheinander. Eigentlich bezeichnen die Namen Windward und Leeward Islands die Lage der Inseln im Verhältnis zu den Passatwinden. Folgerichtig nannten die Spanier, Franzosen und Holländer die vor der Küste Südamerikas liegenden Inseln die »Inseln unter dem Winde« *(leeward)* und den Bogen, der sich von Süden nach Norden bis zu den Großen Antillen spannt, die »Inseln über dem Winde« *(windward)*. Aus unerklärlichen Gründen entschlossen sich die Briten jedoch, all ihre Besitztümer von Trinidad bis St. Lucia als die Windward Islands zu bezeichnen und die nördlich davon liegenden, bis hinauf zu den Virgin Islands, als Leeward Islands. Heute werden zu den Windward Islands alle nördlich von Grenada und südlich von Dominica (beide inklusive) liegenden Inseln gezählt.

Diese Region der »schlafenden Vulkane« hat eine besonders vielfältige Flora und Fauna hervorge-

bracht. Die meisten Inseln haben großflächig angelegte Naturparks mit Wanderwegen und Trekkingpfaden, durch die versierte *guides* Führungen anbieten. Der typische Schwefelgeruch ist beim Aufstieg durch den Regenwald nahezu allgegenwärtig.

DOMINICA

[130] »The Nature Island of the Caribbean« nennt die Tourismusbehörde von Dominica ihre Insel. Und dieser Werbeslogan hält, was er verspricht. Dominica ist zwar die größte englischsprachige Insel der Kleinen Antillen, aber mit 73 000 Einwohnern nicht so dicht besiedelt wie andere Antilleninseln. Die Natur ist weder von Industrie noch vom Tourismus oder der Landwirtschaft zerstört worden und somit noch weitgehend intakt. Dominica war das erste Land, das Kolumbus auf seiner zweiten Reise in die Neue Welt sichtete. Er ging allerdings nicht von Bord, da die schroffe Ostküste ein solches Unternehmen nicht erlaubte. Bevor er nach Norden weitersegelte, gab er der Insel den Namen, den sie auch heute noch trägt. Dominica, nach dem

Duschbad in der Natur:
Emerald Pool auf Dominica

Tag des Herrn, an dem er sie gesichtet hatte. Die Insel wurde nach dem Besuch von Kolumbus von den Europäern lange Zeit ignoriert. Mehr oder weniger zwangsweise, denn die kriegerischen Kariben setzten sich gegen jeden Eindringling heftig zur Wehr. Erst 200 Jahre nach Kolumbus ließen sich die ersten Franzosen auf Dominica nieder. Deren Herrschaft über die Insel ging zwar im 18. Jh. zu Ende, bildete aber noch lange ein starkes Element unter britischer Oberhoheit. Nun entwickelte sich Dominica wie viele andere Inseln der Kleinen Antillen zu einer *plantocracy*: Die Geschicke der Insel lenkten reiche Farmer, die ihre Plantagen von afrikanischen Sklaven bearbeiten ließen. Die Krise der Zuckerwirtschaft machte auch vor Dominica nicht Halt, und erst in den 1950er-Jahren brachte der verstärkte Anbau von Bananen wieder etwas Stabilität ins Land. Großbritannien entließ Dominica von 1925 an schrittweise in die Unabhängigkeit, bis 1978 das autonome Commonwealth of Dominica entstand.

Das Landesinnere ist gebirgig, seine Höhenzüge weisen teilweise noch heute vulkanische Aktivität auf, ohne die die Insel nicht entstanden wäre. An den schmalen Küstenstreifen im Westen der Insel und in den flachen Tälern des Inneren breiten sich neben den Siedlungen Bananen-, Kokos- und Zitrusfruchtplantagen aus. An den Hängen der Ostseite finden sich ausgedehnte Regenwälder, die durch die feuchten Atlantikwinde – die schweren Wolken regnen sich hier ab – entstanden sind. Der Regenwald auf Dominica ist ein so genannter Stufenwald, in dem sich unter den Schirmen der Urwaldriesen eine Vielzahl von anderen Pflanzen, z. B. Farne, Palmen, Orchideen, Bromelien und Schlingpflanzen, ausgebreitet hat.

Natürlich sind in diesen Wäldern zahlreiche Vogelarten beheimatet, zu denen der *Sisserou* gehört, eine seltene Papageienart, die zum Nationalvogel der Insel erklärt wurde. Der im deutschsprachigen Raum auch als Kaiseramazone bekannte Vogel ist leider vom Aussterben bedroht. Inzwischen wird sein Fang und Transport nach Europa und Nordamerika mit drastischen Strafen geahndet. In den Wäldern tummeln sich zudem unzählige Insektenarten, Schmetterlinge und Käfer, die besonders durch ihre prächtigen Farben auffallen. Giftschlangen gibt es auf Dominica nicht, dafür aber die Riesenschlange Boa constrictor, die über 4 m lang werden kann. Die Bewohner der Insel haben große Angst vor der *Tête chien* (Hundskopfschlange), die sie sofort töten, wenn sie die Möglichkeit haben. Dabei ist die Boa eher scheu und kann dem Menschen trotz ihrer Größe kaum gefährlich werden. Neben verschiedenen kleineren Eidechsenarten lebt auf Dominica der größere Leguan, der seine Verwandtschaft mit den Dinosauriern schon wegen seines Aussehens nicht leugnen kann. Besonders häufig kommt er an der Westküste vor.

SEHENSWERTES

Boiling Lake   [130 C5]

★ Eine der großen Attraktionen Dominicas macht es dem Besucher ziemlich schwer: Der mühselige Aufstieg durch das Valley of Desolation zum Boiling Lake ist nur für erfahrene Wanderer in guter physischer Verfassung zu bewältigen *(s. »Routen & Touren«, S. 91)*.

Carib Territory [130 C3]

Das Carib Territory südlich des Flughafens Melville Hall an der Ostküste ist das größte geschlossene Siedlungsgebiet der Nachkommen der Urbevölkerung auf den Kleinen Antillen. Die Bewohner der verstreuten kleinen Siedlungen lassen in den Gesichtszügen ihre Abstammung erkennen, doch sind die wenigsten von ihnen reinblütig indianischer Abstammung. Die Behausungen und auch ihr Lebensstil sind fast wie überall auf der Insel: Fernsehantennen auf den Dächern und geländegängige Pick-Up-Trucks vor den Häusern gibt es auch hier. Wenn man Glück hat, kann man dabei sein, wenn der mächtige Stamm eines Gommier-Baumes in ein Einbaum-Kanu verwandelt wird. Spuren der alten indianischen Lebensweise und ihrer handwerklichen Techniken sind nur noch in den kleinen Geschäften zu finden, die am Straßenrand Korbwaren in traditionellen Mustern verkaufen.

Emerald Pool [130 C4]

Ein hübscher kleiner Wasserfall stürzt in eine von Wald umgebene Felsgrotte und lädt zu einem kühlenden Bad ein. Unbedingt meiden, wenn Kreuzfahrtschiffe im Hafen liegen. *15 Min. Weg von der Pont Casse-Castle Bruce Road*

Freshwater Lake [130 B–C5]

Leider hat der See von seiner einstigen Schönheit eingebüßt, seit er aufgestaut wurde und für Energie-

---

MARCO POLO Highlights
»Windward Islands«

★ **Boiling Lake**
Dominica: Ein mit heißem Wasser gefüllter Kratersee inmitten einer berauschenden Landschaft (Seite 34)

★ **Springfield Plantation**
Dominica: Der ideale Ausgangspunkt zum Erkunden des Regen-waldes (Seite 38)

★ **Concord Falls**
Grenada: Wasserfall mitten im Dschungel (Seite 39)

★ **Pitons**
St. Lucia: eines der Wahrzeichen der Kleinen Antillen (Seite 43)

★ **Dasheene Restaurant**
St. Lucia: Kreolische Köstlichkeiten mit Blick auf die Pitons (Seite 44)

★ **Anse Chastanet**
St. Lucia: romantisches Hotel an der Südwestküste (Seite 45)

★ **Botanic Gardens**
St. Vincent: ältester botanischer Garten der Neuen Welt (Seite 46)

★ **Tobago Cays**
Grenadinen: eine Gruppe von Inselchen zum Verlieben (Seite 47)

erzeugung und Frischwassergewinnung genutzt wird. Interessant ist die Wanderung dennoch. Man kommt auf der Höhe des Freshwater Lakes in Regionen, in denen der Regenwald erst dem Nebelwald und dann einer tropischen Bergvegetation weicht, mit niedrigem, windgepeitschtem Buschwerk, Moosen und Farnen. *Etwa 3 km nordöstlich vom Dorf Laudat, am Fuß des Morne Macaque*

Indian River [130 A2]

Von der Brücke südlich von Portsmouth aus kann man eine Bootsfahrt durch den Indian River vereinbaren. Ruhige 40 Minuten lang geht es durch verwunschene Mangrovensümpfe und Kanäle. Dicke Schlingpflanzen und Bromelien hängen von den Ästen der Bäume herunter. An Kreuzfahrttagen sollten Sie den Fluss meiden. Verhandeln Sie mit Ihrem Bootsführer über den Preis *(ca. EC$ 25–30)*.

Roseau [130 B5]

 Karte in der hinteren Umschlagklappe

Die kleine Stadt Roseau (16 500 Ew.) vermittelt einem das Gefühl, in die Kolonialzeit zurückversetzt worden zu sein. Keine Hotelhochhäuser, wenige Neubauten, keine Duty-free-Shops und keine Touristenmassen (wenn nicht gerade ein Kreuzfahrtschiff angelegt hat). Roseau ist das Verwaltungs- und Handelszentrum der Insel. Farmer und Geschäftsleute kommen mindestens einmal in der Woche nach Roseau, um Behördengänge zu erledigen und um Obst und Gemüse zu verkaufen.

Ein Spaziergang durch die Altstadt ist ein geruhsames Unternehmen. Samstagmorgen ist Wochenmarkt an der Mündung des Roseau River im Nordwesten der Stadt. Das Geburtshaus der Schriftstellerin Jean Rhys, das in der Cork Street steht und jetzt eine kleine

Die überdachten Balkone sind typisch für die Altstadt von Roseau

Ma Pampo

Dominica – der Jungbrunnen der Karibik

Wissenschaftliche Untersuchungen zu diesem Phänomen wurden bislang offenbar noch nicht angestellt, aber es ist offensichtlich: Auf Dominica leben so viele uralte Menschen (im Vergleich zur Gesamtbevölkerung) wie sonst nirgends auf der Welt. Den Rekord hielt Elizabeth Israel, genannt »Ma Pampo«, die im Oktober 2003 im Alter von 128 Jahren starb. Mindestens zwei weitere Insulaner sind über 100, etliche weitere werden diese Marke im Laufe des Jahres 2005 erreichen.

hübsche Pension *(Vena's Guest House)* beherbergt, lohnt einen Besuch. Und schlendern Sie durch den botanischen Garten im Südosten der Stadt. Er wurde vor über hundert Jahren angelegt und ist mit seinen mächtigen alten Bäumen ein hervorragender Ort, um sich im Schatten auszuruhen.

Sulphur Springs [130 B6]
Die Schwefelquellen können Sie mit dem Auto bequem erreichen, nur die letzten paar Meter geht man besser zu Fuß. Rechnen Sie damit, von spielenden Kindern angesprochen zu werden, die sich als »guide« anbieten. Die Quellen entspringen auf einer wenige Quadratmeter großen Fläche. Hier und da blubbert es: Wasser und Gas entweichen aus der Tiefe. Der strenge Geruch von Schwefel kündigt sich schon aus einiger Entfernung an. *Auf halbem Weg zwischen Roseau und Laudat*

Trafalgar Falls [130 B5]
Die beiden 60 m tief stürzenden Wasserfälle sind ein imponierender Anblick, besonders, weil man sie von einer hölzernen Besucherplatt-

form aus gleichzeitig sehen kann. Der kurze Aufstieg ist landschaftlich allerdings nicht so reizvoll, denn er führt am Gelände eines Wasserkraftwerks vorbei. *Aufstieg vom Papillote Wilderness Retreat*

ESSEN & TRINKEN

Corner House [130 B5]
Salate und Sandwiches, freundliche Bedienung. *Sa/So geschl., King George V Street, Roseau, Tel. 767/ 449 90 00, €*

Floral Gardens [130 C3]
❀ Dominikanische Spezialitäten in einem bezaubernden Garten mit Blick auf den Fluss. Besitzer O. J. Scraphin lässt eine behagliche, private Atmosphäre aufkommen. *Tgl., Floral Gardens Hotel, Concord, Tel. 767/445 76 36, €€*

La Robe Créole [130 B5]
Hier ist nicht nur das Essen gut. Die Bedienung trägt das Nationalkostüm, das sonst nur an Feiertagen angezogen wird. Die farbig karierten Röcke trugen früher die Sklavinnen. *Tgl., Victoria Street, Roseau, Tel. 767/448 28 96, €€*

phantastischen Blick durch ein kleines Tal bis auf die weit unten liegende Karibik eröffnet, sieht man noch Bananen- und Palmenhaine, die im Süden durch einen kleinen Bach begrenzt werden. Hier wohnt man im Regenwald. Die Zimmer entsprechen nicht unbedingt höchsten Ansprüchen an Komfort und Luxus – unbehandelte Holzwände, Deckenventilatoren, einfache sanitäre Ausstattung –, aber dafür passen sie umso mehr zum Charakter der Insel. Das Essen ist authentische kreolische Küche. *10 Zi., P.O.B. 456, Roseau, Tel. 767/449 14 01, Fax 449 21 60, springfield@cwdom.dm,* €

Palmenallee auf Dominica

ÜBERNACHTEN

Castaways
Beach Hotel   [130 A4]

Eines der wenigen Strandhotels auf Dominica. Tauchbasis, Tennisplatz. *26 Zi., P.O.B. 5, Roseau, Tel. 767/449 62 44 (-45), Fax 449 62 46, castaways@cwdom.dm,* €€

Papillote
Wilderness Retreat   [130 C5]

Insider Tipp Das Papillote bezaubert vor allem durch seine Gärten: tropische Pflanzen, betörende Düfte, berauschende Farben. Leider liegt das kleine Hotel inzwischen nahe an einem Wasserkraftwerk. *17 Zi., P.O.B. 22, Roseau, Tel. 767/448 22 87, Fax 448 22 85, papillote@cwdom.dm,* €€

Springfield Plantation   [130 B4]

★ Wie der Name schon sagt, ist das Hauptgebäude das *Great House* einer ehemaligen Plantage. Unterhalb der 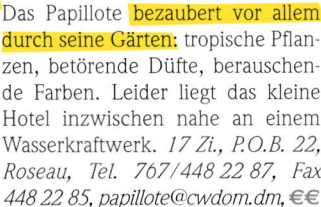 Terrasse, die einen

STRÄNDE

Wenn Sie die silbergrauen Strände, wie man sie z. B. in der Gegend um *Picard* [130 A2] an der Westküste südlich der Prince Rupert Bay findet, nicht zum Baden animieren, dann sollten Sie es mit einem der größeren Flüsse versuchen, an denen sich immer Stellen finden, die tief genug zum Schwimmen sind.

AUSKUNFT

Dominica Tourist Board
P.O. Box 293, Valley Road, Roseau, Tel. 767/448 20 45, Fax 448 58 40, www.dominica.dm

GRENADA

[138–139 A–D] Die Insel (99 000 Ew.) ist wegen ihrer abwechslungsreichen Landschaft und Vegetation ein karibisches Idyll der besonderen Art. Ihr Vulkan, Mount Qua Qua, ist für viele ihrer natürlichen Attraktionen verantwortlich: Regenwald, Kratersee und Wasserfälle sind Teil des großen Nationalparks. Die Küste der 311 km^2 großen Insel wird von langen Sandstränden, Mangrovenhainen und Steilhängen gesäumt – hier und da unterbrochen von den bunten Holzhäuschen eines verschlafenen Fischerdorfes. Kaffeeplantagen, Mangowälder und Bambushaine ziehen sich die niedrigen Hügel hinauf. Die ganze Insel duftet exotisch, denn Grenada ist die »Isle of Spice«, die Insel der Gewürze, die hier neben Zuckerrohr, Kakao und Bananen angebaut werden: Muskat, Gewürznelken, Lorbeer, Ingwer, Zimt, Piment und Kurkuma werden von hier in die ganze Welt exportiert. Der wichtigste Baum der Insel, der Muskatnussbaum, sichert Grenadas Status als weltgrößter Produzent von Muskatnüssen und -blüten.

Grenada beherrschte im Jahr 1983 für kurze Zeit die internationalen Schlagzeilen, als eine Invasionstruppe der USA, unterstützt durch kleine Kontingente anderer karibischer Staaten, die Insel besetzte und die angeblich kommunistische Regierung stürzte. Begründet wurde dies zum einen mit der Behauptung, US-amerikanische Studenten auf der Insel seien bedroht, und zum anderen mit dem Bau eines Großflughafens unter massiver Hilfe Kubas. Dies sahen die USA als Versuch Castros an, sich auf den Kleinen Antillen einen Luftwaffenstützpunkt zu schaffen. Nach der »Hilfsmission« wurde eine provisorische Regierung eingesetzt, die bald demokratische Wahlen durchführte.

Heute hat sich Grenada von den Wirrnissen erholt. Der Tourismus, der seinerzeit stark zurückgegangen war, hat wieder zugenommen, gefördert durch den internationalen Flughafen südlich der Hauptstadt St. George's.

SEHENSWERTES

Concord Falls   [138 B4]

★ Die beiden Wasserfälle in der Nähe des Dorfes Concord sind einen Besuch wert. Der Weg führt etwa 45 Minuten durch Muskatnussbaumwälder sanft nach oben. Er kreuzt ständig einen kleinen Bach, der den unteren Fall speist. Der Aufstieg selbst ist nicht sehr schwierig, nur die letzten Meter müssen Sie im Bachbett über große Felsbrocken hinaufgehen. Der Wasserfall, den Sie nun zu sehen bekommen, ist viel imponierender als der untere. Mitten im Regenwald stürzt das Wasser über eine Felskante 10 m in die Tiefe und wird in einem kleinen Bassin gestaut. Auch wenn das Bassin zum Baden einlädt: Es ist verboten, denn das Wasser dient der Trinkwasserversorgung der Insel. *Auf der Küstenstraße von St. George's aus bis zum Dorf Concord; die Wasserfälle sind von dort ab ausgeschildert*

Grand Etang   [138 B4]

Im Zentralmassiv der Insel liegt der Kratersee Grand Etang auf ca. 530 m Höhe mitten im Regenwald. Der See ist heute Mittelpunkt des Nationalparks. Im Ausstellungszentrum oberhalb des Sees kann man sich über die Flora und Fauna informieren, bevor man den See umwandert. *Von St. George's aus auf der Hauptstraße in Richtung Grenville, etwa auf der Mitte der Strecke, der See ist ausgeschildert, Besucherzentrum So–Fr 8–16 Uhr, Eintritt US$ 2*

St. George's [138 A–B5]

Karte in der hinteren Umschlagklappe

Grenadas Hauptstadt – so wird behauptet – sei die schönste Stadt aller Karibischen Inseln. Und das stimmt! Um eine Landzunge und die natürliche, *Carenage* genannte Hafenbucht herum gelegen, ziehen sich die Häuser der Stadt (ca. 9500 Ew.) im Halbkreis die Hügel hinauf. Unten im Hafen sieht man oft die schneeweißen Kreuzfahrtschiffe liegen. Doch lebhaft geht es in St. George's immer zu. An der Wharf Road werden die kleinen Frachtschiffe be- und entladen, die zwischen den Inseln verkehren. Jenseits des Hügels liegt an der Granby Street der Marktplatz, auf dem man sich an Markttagen *(Mo–Sa)* mit exotischen Gewürzen und frischem Obst eindecken kann. Und an der dem offenen Meer zugewandten *Esplanade* herrschen Geschäftigkeit und Trubel.

Insider Tipp

MUSEUM

Grenada National Museum [138 B5]

In dem Gebäude, das zu verschiedenen Zeiten als Kaserne, Gefängnis, Hotel und Lagerhaus gedient hat, kann man heute u. a. die großen Kupferkessel bewundern, in denen der Zuckerrohrsaft eingekocht wurde. *St. George's, Young/Monckton Street, Mo–Fr 9–16.30, Sa 10.30–13 Uhr; Eintritt US$ 2*

ESSEN & TRINKEN

Aquarium [138 A6]

Lobster, Steaks, Sandwiches. Büfetts und Grill-Specials; jeden 1. Sa im Monat Livemusik. *Mo geschl., Point Salines Beach, Tel. 473/444 14 10, €€*

La Belle Créole [138 A5]

Der schöne Blick über die Grand Anse Bay alleine lohnt einen

Reger Betrieb herrscht auf dem Markt in St. George's

Mini-Mokes

Fahrspaß bei der Inseltour

Zu den auffälligsten Fortbewegungsmitteln auf den englischen Kleinen Antillen gehören diese kleinen Flitzer: jeepähnliche Viersitzer auf Austin-Mini-Basis, die den geländegängigen Eindruck, den sie erwecken, bei weitem nicht halten. Mit offenem Verdeck bieten sie aber auf halbwegs befahrbaren Straßen ein echtes Fahrvergnügen. Außerdem wissen die Einheimischen immer, dass die Fahrer Touristen sind und können sich so rechtzeitig in Sicherheit bringen.

Besuch. Darüber hinaus ist aber die internationale Küche mit kreolischem Einschlag, die hier geboten wird, über jeden Zweifel erhaben. *Tgl., Blue Horizons Cottage Hotel, Morne Rouge, St. George's, Tel. 473/444 43 16, €€€*

Patrick's [138 B5]
Hausmannskost auf Karibisch: mit Meeresfrüchten, Calalou, Saltfish und Süßkartoffeln. *Tgl., Lagoon Road, St. George's, Tel. 473/440 03 54, €*

True Blue Bay [138 A6]
Direkt am Wasser mit Blick auf die Bay. Die Küche bietet karibisch-mexikanische Spezialitäten wie Lobster mit Ingwer-Kokos-Soße oder *fajitas. Tgl., South Coast Bay, Tel. 473/443 20 00, €€€*

EINKAUFEN

Markt in St. George's [138 B5]
Der Markt ist an sechs Tagen in der Woche Ein- und Verkaufsplatz für die Bewohner der Hauptstadt und des Hinterlands. Und dieser Markt hat Tradition, so wurden hier z. B. zu Zeiten der Franzosen öffentliche Hinrichtungen ausgeführt. Heute

dient er als Ort politischer Versammlungen oder als Festplatz. *Granby Street*

ÜBERNACHTEN

Bel Air Plantation [138 C5]
Die 11 Villen und Cottages ziehen sich von einem Hügel mit tropischen Gärten bis direkt ans Meer. Hier verbinden sich kolonialer Charme mit modernstem Komfort. *St. David's Point, Tel. 473/444 63 05, Fax 444 63 16, www.belairplantation.com, €€ – €€€*

Blue Horizons Cottage Hotel [138 A5]
Villen in einem riesigen Palmengarten am Strand (alle mit Kochnische und Veranda). Pool und Restaurant mit gehobener westindischer Küche. *32 Suiten, Grand Anse, St. George's, Tel. 473/444 43 16, Fax 444 28 15, www.bluegrenada.com, €€€*

The Flamboyant Hotel [138 A5]
Am südlichen Ende des Grand Anse Beach liegen am Hang diese Gästehäuser (auch Doppelapartments mit 2 Schlafzimmern). Vom Balkon toller Blick auf St. George's.

61 Zi., Grand Anse, St. George's, Tel. 473/444 42 47, Fax 444 12 34, www.flamboyant.com, €€

Grand View Inn [138 A5]

Kleines, familienbetriebenes Hotel mit Superblick auf St. George's, Grand Anse und Morne Rouge. 55 Zi., Grand Anse Beach, Tel. 473/444 49 84, Fax 444 15 12, €€

STRÄNDE

Überall finden Sie Badestrände. An der Ostküste sollten Sie sich über die Strömungsverhältnisse informieren. Am populärsten ist Grand Anse [138 A5] südlich von St. George's.

AM ABEND

Fantazia 2001 [138 A5]
Am Wochenende ist der Teufel los! Reggae, Calypso, Funk, Rap. Häufig Livebands. Fr/Sa ab 23 Uhr, Eintritt EC$ 10, Gem Holiday Beach Resort, Morne Rouge Bay, Tel. 473/444 42 24

AUSKUNFT

Grenada Board of Tourism
Burn's Point, St. George's, Tel. 473/440 20 01, Fax 440 66 37, gbt@caribsurf.com, www.grenada.org

INSEL IN DER UMGEBUNG

Carriacou [139 E–F2]
Sie ist die größte Insel der Grenadinenkette, die sich zwischen Grenada und St. Vincent erstreckt (etwa 6000 Ew.). Nicht nur die Grenadinen selbst, auch Carriacou ist politisch geteilt. Der Breitengrad, auf dem die Trennungslinie zwischen den grenadischen Grenadinen und den zu St. Vincent gehörenden verläuft, streift die Nordspitze Carriacous. Ein Ausflug von Grenada aus ist per Flugzeug oder Linienboot möglich. Die Boote fahren Di, Mi, Fr, Sa, So in St. George's ab und kommen nach 4 Stunden in Carriacou an. Mo, Mi, Do, Sa, So geht's wieder zurück. (Rundreise US$ 12).

Aufgetakelte Segelboote am Grand Anse Beach auf Grenada

Neben der Hauptstadt Hillsborough lohnt ein Besuch in Windward, wo die Nachfahren schottischer Bootsbauer noch heute ihrem Handwerk nachgehen; Namen wie MacFarlane und MacDonald zeugen von ihrer Abstammung. Sie haben Glück, wenn Sie anlässlich einer Bootstaufe oder einer Hochzeit ein *Big Drum* miterleben können. Die eindrucksvolle Zeremonie mit Trommelmusik und wilden Tänzen beweist, dass in den Adern der Bewohner auch afrikanisches Blut fließt.

ST. LUCIA

[131] St. Lucia trägt eins der Wahrzeichen der Kleinen Antillen: den Doppelkegel der Pitonberge. Er ziert nicht nur viele Postkarten, sondern auch das Titelfoto einiger Bücher über diese Region. Die Insel (ca. 160 000 Ew.) ist typisch für die Windward Islands: ausgedehnte Sandstrände und vorgelagerte Korallenbänke, tropischer Regenwald, ein Vulkan und Schwefelquellen sowie Waldreservate, die zum Schutz der einheimischen Papageienart Jacquot und anderer seltener und zum Teil endemischer Vogelarten angelegt wurden.

Das Freizeitangebot auf der Insel ist unerschöpflich: von geführten oder ungeführten Wanderungen durch den Tropenwald über alle Wassersportarten, Wal- und Schildkrötenbeobachtung, Golf und Wellness bis hin zu Feinschmeckerlokalen, Diskotheken, Theater und Jazz. Die Sprache der Lucies (sprich: Luuschies), wie sich die Einheimischen selbst bezeichnen, ist Kwéyòl, eine Art Patois, zusammengesetzt aus Englisch und Französisch, aber mit eigener Grammatik und Syntax, das selbst für die Westinder anderer Inseln absolut nicht zu verstehen und auf die französisch-englische Geschichte der Insel zurückzuführen ist.

SEHENSWERTES

Castries   [131 E2–3]
 Karte in der hinteren Umschlagklappe

Die Hauptstadt St. Lucias (ca. 60 000 Ew.) wurde 1948 bei einem Großbrand fast vollkommen zerstört. Gebäude aus der Zeit vor dem Brand findet man deshalb kaum. Lohnend ist ein Besuch der Kathedrale am Columbus Square, die äußerlich zwar recht unansehnlich ist, im Innern aber mit farbenfrohen Dorfszenen an Wänden und Decken besticht. Falls Sie an einem Samstagvormittag unterwegs sind, sollten Sie auch auf den Markt *Jeremie* Ecke *Peynier Street* gehen.

Pitons   [131 D5]
★ Das Wahrzeichen der Insel liegt an der Südwestküste, südlich der Stadt Soufrière. Hier erheben sich direkt am Meer der *Gros Piton* und der *Petit Piton*. Es sind spitze Bergkegel vulkanischen Ursprungs, die über 700 m Höhe erreichen. Geübte Bergwanderer können den Aufstieg wagen, sollten sich aber in Soufrière einen versierten Führer suchen. *Von Soufrière auf der Straße nach Süden, Richtung Choiseul*

Regenwald von Fond St. Jacques   [131 E4]
Um das Dorf Fond St. Jacques herum breitet sich ein noch relativ intaktes Regenwaldgebiet aus. Hier gibt es noch Exemplare des selte-

nen *St.-Lucia-Papageis (Amazona versicolor)*, der eine Zeitlang akut vom Aussterben bedroht war. Sein Bestand hat sich inzwischen jedoch wieder erholt.

Sulphur Springs und Diamond Falls [131 D4]

Die Bewohner Soufrières lotsen Besucher, die mit dem Leihwagen auf der malerischen Küstenstraße von Castries ankommen, mit den Worten »See the Drive-In-Vulcano« in den Krater eines Vulkans, den man (nicht ganz) mit dem Auto befahren kann. Man muss sein Auto auf einem Parkplatz vor dem Krater abstellen. Neben den *Sulphur Springs,* die ihre Anwesenheit durch den Gestank von Schwefeldämpfen ankündigen, lohnt ein Besuch der *Diamond Falls and Baths,* hier kann man sich von den Strapazen bei einem Bad erholen. *Geführte Tour Sulphur Springs US$ 7,50; Diamond Baths tgl. 10–17 Uhr; US$ 3,50*

The Coal Pot [131 E2]

Restaurant mit feiner französischer Küche. Offene Räume, karibisch-lateinamerikanische Kunst. *So geschl., Vigie Marina, Castries, Tel. 758/452 55 66,* €€€

Dasheene Restaurant [131 D4]

★ ☼ Auf der Terrasse des *Ladera Resorts* werden die köstlichsten kreolischen Spezialitäten serviert. Die freundliche Bedienung, der atemraubende Blick auf die beiden Zuckerhüte der Pitons und die Lage mitten im tropischen Regenwald machen das Ambiente dieses Hotels aus. Die weite Anfahrt aus dem Norden der Insel lohnt sich auf jeden Fall. *Tgl., Ladera Resort, Soufrière, Tel. 758/459 73 23,* €€€

Green Parrot [131 E2]

Der korpulente Besitzer des Green Parrot und des angeschlossenen

Sulphur Springs: Südöstlich von Soufrière treten heiße Dämpfe aus

Hotels ist ein karibisches Original. Nach einer Zeit als Entertainer arbeitete der auf St. Lucia geborene Harry lange Zeit als Koch in einem der besten Hotels in London. Heute leitet er die Küche seines Restaurants und veranstaltet samstags nach dem Essen eine kleine Show mit viel Musik, Feuerschluckern und original karibischem Bauchtanz – und der Chef singt persönlich. *Tgl., reservieren! Morne Fortune, Tel. 758/452 33 99, €€*

EINKAUFEN

Pointe Seraphine [131 E2]
Am Nordrand des Hafens von Castries liegt ein modernes Duty-free-Shopping-Center, in dem hauptsächlich die Passagiere der Kreuzfahrtschiffe einkaufen. Die Schiffe können zu diesem Zweck sogar an einem eigenen Pier anlegen.

ÜBERNACHTEN

Anse Chastanet [131 D4]
★ ⚓ Bezauberndes, sehr ruhiges Hotel mit Gästevillen am Hügel und direkt am Strand, von denen aus man einen einzigartigen Ausblick hat. Phantastische Küche, eigene Tauchschule, viele andere Sportangebote. *49 Zi., Soufrière, Tel. 758/459 70 00, Fax 459 77 00, www.ansechastanet.com, €€€*

Rex St. Lucian [131 E2]
Hotel direkt am palmengesäumten Reduit Beach. *120 Zi., Castries, Tel. 758/452 83 51, Fax 452 83 31, www.rexcaribbean.com, €€*

Le Sport [131 E1]
Im Preis des Hotels sind alle Mahlzeiten und Getränke eingeschlossen. Bogenschießen, Golf, Tennis, Surfen, Tauchen, Massagen, Bäder, autogenes Training und Aerobic gehören ebenfalls kostenlos zum Programm. *102 Zi., Cariblue Beach, Tel. 758/450 85 51, Fax 450 03 68, www.lesport.com, €€€*

AM ABEND

In *Gros Islet* [131 E2] ist freitagabends *jump up* der Einheimischen. Dann wird auf den Straßen Reggae und Soca getanzt!

Indies [131 E2]
Mi, Fr und Sa geht in dieser Disko die Post ab. Dresscode! *Rodney Bay, Tel. 758/452 07 27*

AUSKUNFT

St. Lucia Tourist Board
P. O. Box 221, Pointe Seraphine, Castries, Tel. 758/452 59 68, Fax 453 11 21, www.stlucia.org

ST. VINCENT

[134] St. Vincent und die südlicher liegenden Grenadinen gelten neben den Virgin Islands als schönstes Segelrevier der Karibik. Die einzelnen Inselchen, die oft nur wenige Kilometer voneinander entfernt im türkisfarben leuchtenden, seichten Wasser liegen, lassen sich innerhalb weniger Tage bequem bereisen.

St. Vincent (ca. 110 000 Ew.) ist eine typische Insel vulkanischen Ursprungs mit entsprechender Vegetation, Wasserfällen und Schwefelquellen. Auch hier haben sich im 17./18. Jh. die Briten mit den Franzosen um die Insel gestritten. Nach dem Krieg gegen die »Black Caribs«, rebellische Nachkommen von Kariben und Sklaven, der 1779 ein blutiges Ende nahm, erlangten die Briten endgültig die Herrschaft über St. Vincent. Seit 1979 ist die Insel unabhängig; die englische Königin ist aber noch immer nominelles Staatsoberhaupt der repräsentativen Monarchie. Die Wirtschaft ist stark von der Landwirtschaft abhängig. Mit Dominica, Grenada und St. Lucia gehört die Insel zu den größten Bananenlieferanten des Vereinigten Königreichs. Außerdem ist St. Vincent der weltgrößte Produzent von Pfeilwurz, einer stärkehaltigen Pflanze, die zur Herstellung von Computerpapier verwendet wird.

SEHENSWERTES

Botanic Gardens [134 B4]
★ Der botanische Garten in Kingstown, der im Jahre 1765 gegründet wurde, ist der älteste der westlichen Hemisphäre. Sie sollten sich für ca. US$ 3 einen Führer mit auf den Rundgang nehmen. *Leeward Highway, tgl. 6–18 Uhr, Eintritt frei*

Insider Tipp **Falls of Baleine** [134 B1]
Der Wasserfall im Nordwesten der Insel ist zu Fuß nur schwer zu erreichen. Am besten nimmt man an einer Bootstour teil, die verschiedene Veranstalter anbieten. Im Preis sind ein Lunch-Picknick und eine Schnorchelpause enthalten. *Bootstour: US$ 35–40 pro Person*

Fort Charlotte [134 A4]
Die Befestigungsanlage erhebt sich 200 m über dem Nordende der Bucht von Kingstown. 1806 wurde sie errichtet und diente der Verteidigung gegen Angriffe von See sowie der »Black Caribs« – viele der alten Kanonen zeigen noch heute landeinwärts. Die Geschichte der »Black Caribs« wird in den Gemächern der Festung auf Ölgemälden dargestellt. *Tgl. geöffnet, Eintritt frei*

ESSEN & TRINKEN

French Restaurant [134 B5]
↖ Französisch-kreolische Küche. Man sitzt sehr schön auf der Terrasse direkt am Meer mit Blick auf Young Island. *Tgl., Villa Beach, Tel. 784/458 49 72, €€€*

Lime N' Pub [134 B5]
↖ Gute, internationale Spezialitäten und kaltes Bier. *Tgl., Villa Beach, Tel. 784/458 42 27, €€*

ÜBERNACHTEN

Tranquility Beach Apartment Hotel [134 B5]
↖ Einfaches, freundliches Haus an der Indian Bay. *12 Zi., Tel. 784/458 40 21, Fax 457 47 92, €*

Young Island Resort [134 B5] **Inside Tipp**
Kleine Insel mit einer erstklassigen Hotelanlage. Die Insel erreichen Sie von Villa aus mit einer Fähre. Vom Anleger geht's dann vorbei an einem Becken, in dem ein paar kleine Haie schwimmen, zur Rezeption. Oberhalb liegen die Bungalows. *30 Zi., Young Island, Tel. 784/458 48 26, Fax 457 45 67, www.youngisland.com, €€€*

AM ABEND

The Attic [134 A4]
Jazz gibt's im Lokal über dem Kentucky-Fried-Chicken-Restaurant. *Mo–Sa ab 20 Uhr, Paul's Avenue, Kingstown, Tel. 784/457 25 58*

AUSKUNFT

St. Vincent Board of Tourism
Finance Complex, Bay Street, Kingstown, Tel. 784/457 15 02, Fax 456 26 10, www.svgtourism.com

INSELN IN DER UMGEBUNG

Bequia [135 E–F2]

insider Tipp

Das knapp 15 km von St. Vincent entfernte Bequia (ca. 4800 Ew.) ist die nördlichste und größte der Grenadineninseln. Besonders Port Elizabeth ist ein beliebter Anlaufpunkt für Segler auf dem Weg gen Süden. In Paget Farm gibt es noch einige ältere Männer, die in der Zeit von Februar bis Mai auf Walfang gehen – und das in kaum 10 m langen Holzbooten, die nur mit Rudern und Segelkraft angetrieben werden. Vielleicht hat Greenpeace auch deshalb bis jetzt keine Einwände erhoben. Am schönsten wohnen lässt es sich auf Bequia im *Frangipani Hotel (15 Zi., Tel. 784/458 32 55, Fax 458 38 24, www.frangipanibequia. com, €€)*.

Canouan [135 E4–5]
Am Wochenende spielt in der zum Strand hin offenen Bar des Canouan Beach Hotels eine Steelband zum Tanz auf. Die ca. 50 km entfernte Insel ist sehr klein (1000 Ew.) und sehr, sehr ruhig. *Canouan Beach Hotel, 32 Zi., Tel. 784/ 458 88 80, €€€*

Mayreau [135 D5]

insider Tipp

Segler gehen vor diesem Privatinselchen (ca. 60 km entfernt) gern vor Anker, denn das Essen im Strandhotel ist gut. *Salt Whistle Bay Club, 10 Zi., Tel. 787/458 84 44, €€€*

Mustique [135 F3]
Mustique (ca. 500 Ew., 30 km entfernt) gehört zu den exklusivsten Inseln der Kleinen Antillen. Hier haben u. a. David Bowie und Mick Jagger ihre »Ferienhäuschen«. Falls Sie mehrere Tausend Dollar für eine Woche bezahlen möchten, können Sie die Datschen auch mieten. Inseltreffpunkt ist *Basil's Bar* – die Chance, hier mal einen Prominenten an der Theke zu entdecken, muss man mit überhöhten Preisen bezahlen *(tgl., Britannia Bay, Tel. 784/458 46 21, €€ – €€€)*.

Tobago Cays [135 E5]
★ Die kleine Gruppe von Inselchen ist ein bevorzugter Ankerplatz für die in den Grenadinen kreuzenden Yachten und für Tauchveranstalter, die von St. Vincent aus (ca. 55 km entfernt) hierher kommen. Die Eilande sind unbewohnt; während der Saison übernachten hier höchstens ein paar Einheimische, die tagsüber mit ihren Motorbooten von Yacht zu Yacht schippern, um Obst und Souvenirs an die Touristen zu verkaufen. Die Gewässer zwischen den Inseln sind ein ideales Tauch- und Schnorchelrevier.

Union Island [135 D5]
Union Island (ca. 2000 Ew.) ist die südlichste der zu St. Vincent (ca. 65 km entfernt) gehörenden Grenadinen. Vom kleinen Flughafen aus kommt man nach St. Vincent, aber auch nach Carriacou und Grenada. Zwischen Hafen und Flughafen liegt der *Anchorage Yacht Club*, der viel von Seglern aus Martinique besucht wird. Im Bassin vor der Hotelbar schwimmen als Gag ein paar Haie *(12 Zi., Union, Tel. 784/ 458 82 21, Fax 458 83 65, €€)*.

Ein Schmetterling im Meer

Guadeloupe und die anderen französischen Inseln, zusammen ein Département der Grande Nation, haben viel vom Flair der Riviera

Martinique, Guadeloupe und die kleineren Inseln sind französischsprachige Enklaven in der sonst anglophonen Region der Kleinen Antillen. Nördlich und südlich, auch auf Dominica, das zwischen den beiden großen französischen Inseln liegt, ist Englisch die Amtssprache. Hier finden sich höchstens im Patois, der kreolischen Mischsprache, noch einige französische Elemente. Erst auf der Westseite der Insel Hispaniola, in Haiti, gibt es wieder Französisch sprechende Einwohner. Die Französischen Antillen sind weder selbstständige Staaten wie Grenada oder Barbados, noch gehören sie zu den letzten Kolonien, wie die British Virgin Islands oder Montserrat. Vielmehr sind sie überseeische Départements Frankreichs. Ihre Einwohner besitzen die französische Staatsbürgerschaft, sie sind bei den Wahlen in Frankreich stimmberechtigt und unterliegen den französischen Gesetzen. Der Euro ist die offizielle Währung, das Schulsystem ist französisch wie die ganze Lebensart.

Phantasievolle Kachelbilder zieren ein Haus in Marigot auf St-Martin

Die Verbundenheit mit Frankreich hat zahlreiche Vorteile für die Inseln. Dank der finanziellen Unterstützung aus Paris sind die wirtschaftlichen Strukturen gefestigt. Die medizinische Versorgung z. B. oder die Sozialleistungen entsprechen eher europäischem als karibischem Niveau. Die Inseln sind trotz einiger Probleme wohlhabender und weniger vom Tourismus abhängig als viele ihrer Nachbarn.

GUADELOUPE

[128–129] Die Kariben haben mehr Phantasie bei der Namensgebung der Insel bewiesen als Kolumbus: Er nannte sie nach der »Heiligen Jungfrau von Guadeloupe« in Spanien, bei ihnen hieß sie »Karukera« – »Insel der schönen Gewässer«.

Die Form der Insel (ca. 430 000 Ew.) gleicht einem Schmetterling, die beiden Flügel sind lediglich durch einen schmalen Landstreifen miteinander verbunden. Der östliche, kleinere Flügel heißt *Grande-Terre,* ist ein relativ flaches Kalksteinplateau korallinen Ursprungs und wird landwirtschaftlich genutzt. Die westliche Hälfte heißt

Schoelcher-Büste vor dem Musée Schoelcher in Pointe-à-Pitre

Basse-Terre; hier erheben sich Berge vulkanischen Ursprungs bis zu einer Höhe von fast 1500 m. Ein großer Teil des Landesinneren von Basse-Terre wird vom Nationalpark *Parc National de la Guadeloupe* eingenommen.

Zum Département Guadeloupe gehören außer den kleineren, vor der Küste liegenden Inseln auch das weiter entfernte St-Martin und St-Barthélemy. Guadeloupe ist immer die etwas ärmere Schwester Martiniques gewesen und wird auch heute noch als solche angesehen.

SEHENSWERTES

Basse-Terre   [128 A5–6]

Die hübsche kleine Hafenstadt an der Südwestküste liegt am Fuß des Vulkans La Soufrière. Obwohl sie sehr viel kleiner (36 000 Ew.) ist als Pointe-à-Pitre, ist sie dennoch Verwaltungssitz des gesamten Départe-ments. An den schmalen Straßen und kleinen palmenbestandenen Plätzen liegen einige schöne Bauten französischer Kolonialarchitektur, und im Süden findet man die Ruinen des *Forts Louis Delgrès* aus dem 17. Jh. *(tgl. 9–17 Uhr; Eintritt frei).*

Cascade aux Ecrevisses   [128 B4]

An der La Traversée genannten Straße, die Basse-Terre durchquert (auf Karten trägt sie die Bezeichnung D 23), liegt auf halber Strecke mitten im Parc National ein schöner Wasserfall, den man auf einem gekennzeichneten Pfad vom Parkplatz aus erreicht.

Parc National
de la Guadeloupe   [128 A–B 3–5]

★ Der Nationalpark nimmt einen großen Teil von Basse-Terre ein. Innerhalb seiner Grenzen finden Sie ausgedehnte Regenwälder, den

Vulkan *La Soufrière*, mehrere Wasserfälle und ein Netz von Wanderwegen, mit denen den Besuchern die verschiedenen Sehenswürdigkeiten erschlossen werden. Beim Tourist Office gibt es eine Informationsbroschüre, die auch Auskunft über die Wege gibt.

Pointe-à-Pitre [128 C3–4]

Pointe-à-Pitre (141 000 Ew.) ist das wirtschaftliche Zentrum der Insel. Die Stadt ist nicht besonders attraktiv, bietet aber neben einigen guten Restaurants viele Einkaufsmöglichkeiten, die nicht anders sind als in den Metropolen Europas. Das Stadtzentrum liegt um die *Place de la Victoire*, einen schönen kleinen Park mit Schatten spendenden Bäumen am Wasser. Hier findet auch der Wochenmarkt statt, bei dem man spürt, dass man sich in der Karibik befindet und nicht in Frankreich.

Saint-Claude [128 A5]

Der Vorort von Basse-Terre liegt am Hang des Vulkans La Soufrière. Von der ◣◢ Picknickstelle im Ort haben Sie einen schönen Blick auf den Vulkan.

La Soufrière [128 B5]

Mit 1467 m ist der noch immer aktive Vulkan La Soufrière nicht nur der höchste Berg Guadeloupes, sondern auch die größte Erhebung der gesamten Kleinen Antillen. Der Aufstieg zum Krater lohnt sich, zumal man mit dem Auto bis auf 1100 m Höhe fahren kann – durch subtropischen Regenwald, der zum Erkunden animiert. Vom Parkplatz auf der *Savane à Mulets* folgt dann allerdings noch ein 300 m langer, recht schwieriger Aufstieg. Ein Teil des Weges führt durch feuchtkalte Nebelwolken, die leider am Krater oft die Sicht beeinträchtigen.

MUSEUM

Musée Schoelcher [128 C4]

Das Museum ist dem Elsässer Victor Schoelcher gewidmet, der im 19. Jh. für ein Ende der Sklaverei auf den Französischen Antillen kämpfte. In seinem ehemaligen Wohnhaus sind Möbel, Interieur und Erinnerungsstücke zu sehen. *24, Rue Peynier; Pointe-à-Pitre, Mo/ Di und Do/Fr 9–12.30, 14–17.30, Sa 14–17.30 Uhr; Eintritt 1,50 Euro*

MARCO POLO Highlights »Französische Antillen«

★ **Parc National de la Guadeloupe**
Ein gut erschlossener Nationalpark (Seite 50)

★ **Mont Pelée**
Vulkan mit Aussicht auf Martinique und den Atlantik (Seite 53)

★ **St-Pierre**
Das untergegangene Pompeji der Karibik auf Martinique (Seite 53)

★ **Marigot**
Eine Stadt mit dem Flair der Französischen Riviera auf St-Martin (Seite 57)

GUADELOUPE

ESSEN & TRINKEN

Le Karacoli [128 A3]
Klassische kreolische Küche am Sandstrand einer einsamen Bucht. Probieren Sie *La Créole*, ein Frikassee aus Meeresfrüchten und Klößchen in würziger Sauce. *Tgl., Deshaies, Grand Anse, Basse Terre, Tel. 590/28 41 17, €€*

Insider Tipp
Relais du Moulin [129 D4]
Candlelightdinner mit Blick auf die restaurierte Windmühle. Kreolisch-französische Küche (z. B. gefülltes Hähnchenbrustfilet). *Tgl., Châteaubrun, Tel. 590/88 23 96, €€€*

EINKAUFEN

Die meisten Geschäfte liegen am Hafengelände von *Pointe-à-Pitre* [128 C4]. Die besten »Schnäppchen« sind Kosmetik und Parfum, Seidentücher, Kristall, Porzellan, Tabak und Spirituosen.

ÜBERNACHTEN

Auberge de la Vieille Tour [128 C4]
Die alte Zuckermühle, die dem Hotel den Namen gibt, bietet einen Souvenirshop, Restaurants, eine Bar, Tennisplätze, Pool und einen eigenen kleinen Strand. *182 Zi., Gosier, Tel. 590/84 23 23, Fax 84 33 43, h1345-S3@accor-hotels.com, €€€*

Domaine de Malendure [128 A4]
🔻 Das Hotel liegt in den Hügeln über Bouillante. Sehr schöner Blick auf Ilet Pigeon, die »Taubeninsel«. Sehr gute Tauch- und Schnorchelmöglichkeiten. *50 Zi., Morne Tarare Pigeon, Tel. 590/98 92 12, Fax 98 92 10, www.malendure.gp, €€€*

STRÄNDE

Von den vielen schönen Badestränden zwischen Gosier und St-François auf Grande-Terre ist *Ste-Anne* [129 D4] vielleicht der schönste.

AM ABEND

Casino de Gosier les Bains [128 C4]
Keine Spielautomaten; es wird auf korrekte Kleidung geachtet! *So geschl., ab 21 J. mit Ausweis, Gosier, Tel. 590/84 18 33, Eintritt frei*

AUSKUNFT

Office du Tourisme de Pointe-à-Pitre [128 C4]
Square de la Banque, Place de la Victoire, Mo–Fr 8–17, Sa 8–13 Uhr, Tel. 590/82 09 30, Fax 83 89 22, www.karibik.de/guadeloupe

INSELN IN DER UMGEBUNG

Îles des Saintes [129 D–E 5–6]
Die meisten der 2000 Einwohner der beiden einzigen bewohnten der insgesamt acht Inseln von Les Saintes stammen von bretonischen Fischern ab. Vor der von Guadeloupe ca. 12 km entfernten Inselkette fand 1782 eine Seeschlacht statt, in der der englische Admiral Rodney die Franzosen schlug, die versucht hatten Jamaika anzugreifen. Das *Museum im Fort Napoleon* schildert die Ereignisse aus französischer Sicht. Unterkunft: *Auberge les Petits Saints, 10 Zi., La Savane, Terre-de-Haut, Tel. 590/99 50 99, Fax 99 54 51, €€* **Insider Tipp**

Marie-Galante [129 E–F 5–6]
Marie-Galante (13 460 Ew.) ist mit 155 km² die größte der kleinen In-

seln, die vor Guadeloupe liegen (ca. 45 km entfernt). Die schönen Strände ziehen vor allem die Einheimischen von Guadeloupe an, Fernreisende trifft man hier selten. Auf der Insel wurde früher Zucker angebaut, und noch heute sieht man die Ruinen alter Zuckermühlen und einige alte Plantagenhäuser.

MARTINIQUE

[132–133] Auf Martinique soll es die schönsten Mädchen der Karibik geben – schön sind sie, aber man tut den Frauen der anderen Inseln sicher unrecht. Die Insel (ca. 400 000 Ew.) teilt mit vielen anderen in der Region eine unruhige Geschichte. Sie wechselte mehrmals zwischen Großbritannien und Frankreich. 1762 besetzten die Engländer sie, um sie dann später im Tausch gegen Kanada, Senegal, St. Vincent und Tobago an Frankreich zurückzugeben. Dieser Tausch war damals aus französischer Sicht sinnvoll, da Martinique und Guadeloupe wichtige Zuckerproduzenten waren. Noch heute ist Martinique vorwiegend eine landwirtschaftlich genutzte Insel, zu deren Exportgütern neben Zucker und Rum auch Bananen und Ananas gehören.

SEHENSWERTES

Fort-de-France [132 C4]
Zur Hauptstadt wurde der Ort erst 1902, nachdem St-Pierre bei einem Vulkanausbruch untergegangen war. Heute ist Fort-de-France eine florierende Metropole (ca. 150 000 Ew.), die französisches Flair versprüht. Sehenswert sind das *Fort St-*

Louis, das militärisch genutzt wird und deshalb nicht immer zugänglich ist, und das *La Savane* genannte Parkgelände an der Baie des Flamands. Hier stehen die Statuen der Kaiserin Joséphine (die Frau Napoleons wurde auf Martinique geboren) und des Anführers der ersten französischen Siedler auf der Insel, Pierre Belain d'Esnambuc.

Mont Pelée [132 B2]
★ Sie können den 1397 m hohen Mont Pelée im Norden der Insel mit dem Auto erreichen. Auf halber Strecke den Vulkan hinauf befindet sich ein Parkplatz mit einer ☀ Aussichtsplattform, von der aus Sie einen schönen Blick auf den Atlantik haben. Von hier aus kann man bis zum Krater hinaufsteigen.

Rocher du Diamant [132 C6]
Den Franzosen war das Felseneiland vor der Südküste Martiniques Anfang des 19. Jhs. anderthalb Jahre lang ein Dorn im Auge. Eine kleine Besatzung britischer Soldaten und Seeleute war auf diesem unsinkbaren Schlachtschiff stationiert und bombardierte vorbeifahrende französische Schiffe. Die Engländer tauften ihr Felsenschiff »His Majestic Ship Diamond Rock«, und noch heute salutieren vorbeifahrende britische Schiffe.

St-Pierre [132 B2]
★ Das Unheil brach am 8. Mai 1902 über die Stadt herein. Die Bewohner von St-Pierre hatten das warnende Grummeln des Mont Pelée in den vergangenen Tagen einfach ignoriert, ebenso die Flucht aller Tiere. Und plötzlich verwandelte der Vulkan die Hauptstadt Martiniques mit einem glühenden Asche-

regen innerhalb von drei Minuten in ein karibisches Pompeji. Von den Einwohnern soll nur einer den Ausbruch überlebt haben – eingeschlossen in einer Zelle wegen Trunkenheit. Das kleine Dorf, das heute den Namen St-Pierre trägt, steht an der Stelle der untergegangenen Stadt. Einzelne Gebäudereste können besichtigt werden, u. a. die lebensrettende Gefängniszelle. Das Museum informiert über den Hergang der Katastrophe. *Tgl. 9–17 Uhr, Eintritt 1,50 Euro*

MUSEEN

Musée Départemental de Martinique   [132 C4]

Im Nationalmuseum der Insel sind Ausstellungen zur indianischen Vergangenheit Martiniques und zur Geschichte der Sklaverei zu sehen. *Mo–Fr 9–17, Sa 9–12 Uhr, 9, Rue de la Liberté, Fort-de-France, Eintritt 1,50 Euro*

Musée du Rhum   [133 D2] *Insid Tipp!*

Das Museum ist in einem schönen Gebäude aus der Kolonialzeit untergebracht. Zur Besichtigung gehören auch ein Rundgang durch die heutige Brennerei und eine Kostprobe. *Mo–Fr 9–17, Sa/So 9–12 Uhr, Saint James Distillery, Sainte-Marie, Eintritt frei*

ESSEN & TRINKEN

Chez Tante Arlette   [132 B1]

Tolles kreolisches Essen, zum Abschluss selbst gemachten Likör. *Tgl., Rue de Lucy de Fossarieu, Grand' Rivière, Tel. 596/55 75 75, €€*

Le Second Soufflé   [132 C4]

Frische vegetarische Gerichte zu vernünftigen Preisen. Probieren Sie das *Soufflé filet de ti-nain* (grüne Bananen mit Schokoladensauce)! *Nur mittags geöffnet, Sa/So geschl., 27, Rue Blénac, Fort-de-France, Tel. 596/63 44 11, €€*

Urwüchsiger Strand bei Le Diamant auf Martinique

EINKAUFEN

Fort-de-France **[132 C4]** gilt als das »Paris der Karibik«. Hier finden Sie internationale Designernamen und einheimische Avantgarde. Die exklusivsten Geschäfte liegen in den Straßen *Rue Victor Hugo*, *Rue Antoine Siger*, *Rue Lamartine* und *Moreau de Jones*.

ÜBERNACHTEN

Diamant Les Bains **[132 C5]**
Das familiengeführte Hotel steht im Zentrum des Ortes Le Diamant. Zum Hotel gehören auch einige Bungalows. *24 Zi., Le Diamant, Tel. 596/76 40 14, Fax 76 27 00,* €€

Plantation de Leyritz **[132 C1]**
Insider Tipp
Das Hotel liegt inmitten einer Bananenplantage. Übernachtet wird im ehemaligen Küchenhaus, das schön restauriert wurde. Ein Nachteil: Das einstige Herrenhaus ist ein beliebter Ausflugsort, der tagsüber unzählige Touristenbusse anzieht. Am späten Nachmittag wird es wieder ruhiger. *53 Zi., Basse-Pointe, Tel. 596/78 53 92, Fax 78 92 44,* €€

STRÄNDE

Schöne Strände gibt es bei *Le Diamant* mit Blick auf den vorgelagerten *Rocher du Diamant* **[132 C5]**. Empfehlenswert ist auch *Les Salines* **[133 E6]** am Südzipfel.

AM ABEND

La Baraka **[132 C4]**
Lebhafte Disko mit guter Musik. *Pointe du Bout, Trois Ilets, Tel. 596/66 00 00*

Le New Hippo **[132 C4]**
In-Disko für Touristen und Einheimische. *24, Boulevard Allégre, Fort-de-France, Tel. 596/60 20 22*

AUSKUNFT

Office Départemental du Tourisme de la Martinique **[132 C4]**
Bord de la Mer, Fort-de-France, Tel. 596/63 79 60, Fax 73 66 93, www.martinique.org

ST-BARTHÉLEMY

[129 F1–2] Obwohl St-Barts oder St-Barth's, wie die Insel allgemein genannt wird, mehr als 230 km nördlich von Guadeloupe liegt, gehört sie noch zum Département Guadeloupe. Auf der wenig mehr als 20 km^2 großen Insel leben 6500 Einwohner, meist normannischer oder bretonischer Abstammung. Auch diese Insel wechselte zigmal den Besitzer: Im 18. Jh. gehörte sie zu Frankreich, dann rissen sich Schweden und die Malteserritter St. Barthélemy unter den Nagel; 1878 fiel sie an Frankreich zurück. Heute lebt die Insel hauptsächlich vom Tourismus. Der Jetset der Welt trifft sich hier gern zu einer einzigen großen Party.

SEHENSWERTES

Corossol **[129 F1]**
In diesem Fischerdörfchen wird's abends interessant, wenn die Boote vom Meer zurückkommen. Manche Frauen tragen sonntags noch ihre traditionelle normannische Tracht. Sie verkaufen Flechtwerk und andere Handarbeiten. *2 km nordwestlich von Gustavia*

Literaturtipps

Drei Karibik-Romane zur Einstimmung

Caryl Phillips lässt in »Emily und Cambridge« die Tochter eines englischen Plantagenbesitzers mit einem schwarzen Sklaven zusammentreffen und beschreibt so die Konflikte zweier völlig unterschiedlicher Gesellschaftsschichten und Kulturen zur britischen Kolonialzeit. Jean Rhys schildert in »Sargassomeer« in düsteren, dekadenten Bildern die Geschichte der Halbkreolin Antoinette im kolonialen Westindien. Jamaica Kincaids Roman »Nur eine kleine Insel« spielt auf Antigua und wirft einen literarisch-kritischen Blick auf Geschichte und Gegenwart der Kleinen Antillen.

Gustavia   **[129 F2]**
Dem Hauptort der Insel merkt man trotz des Feuers, das hier 1852 wütete, seinen schwedischen Einfluss an, vor allem in der Architektur. Er wurde nach König Gustav III. Adolf benannt.

Saint-Jean   **[129 F1]**
Die Bucht und der gleichnamige kleine Ort, in dessen Nähe auch der Flughafen liegt, ist eines der Haupturlaubsgebiete der Insel. Hier gibt es viele Hotelkomplexe und ein großes Einkaufszentrum.

MUSEUM

Inter Oceans Museum   **[129 F1]**
Das Museum beherbergt eine tolle Muschelsammlung mit Exemplaren aus der ganzen Welt. *Di–So 9–17 Uhr, Corossol, Eintritt 3 Euro*

ESSEN & TRINKEN

Eddy's Restaurant   **[129 F2]**
Ortstypische kreolische Küche. *So geschl., Gustavia, Tel. 590/ 27 54 17, €€€*

Maya's   **[129 F2]**
Direkt am Wasser des »öffentlichen Strandes«. Bevor Sie sich dem guten Essen widmen, sollten Sie hier den phantastischen Sonnenuntergang mit einem Cocktail genießen. *So geschl., Anse de Public, Tel. 590/27 75 73, €€*

EINKAUFEN

Zollfreie Waren wie Schmuck, Kosmetik, Parfum, Porzellan, Spirituosen und Tabak sind besonders günstig. Das *Commercial Center* in St-Jean und die Hauptstadt *Gustavia* laden zum Einkauf.

ÜBERNACHTEN

Le Guanahani   **[129 F1]**
Schön gelegene Bungalows mit Blick aufs Meer. Sonnenhungrige können zwischen zwei hoteleigenen Stränden wählen. Die Kolonialarchitektur verbindet kräftige Farben mit hochwertigen Materialien. *69 Zi., Grand Cul de Sac, Tel. 590/ 27 66 60, Fax 27 70 70, www.legu anahani.com, €€€*

Tom Beach Hotel [129 F2]

Kleines Luxushotel am Strand von St-Jean; sehr guter Service. Tolle Lobsterspezialitäten! *10 Zi., St-Jean, Tel. 590/27 53 13, Fax 27 53 15, tombeach@wanadoo.fr, €€€*

STRÄNDE

Neben *Anse de Grande Saline* [129 F2], an der Ihnen auch schon mal Giorgio Armani im Herrensarong begegnen kann, ist auch *Lorient* [129 F1] zu empfehlen: wegen der Wellen ideal zum Surfen.

AUSKUNFT

Office Municipal du Tourisme [129 F2]

Quai du Général de Gaulle, Gustavia, Mo–Fr, Tel. 590/27 87 27, Fax 27 74 47, www.st-barths.com

ST-MARTIN

[123] Es gibt einen holländischen (Sint Maarten, S. 76) und einen französischen Teil (St-Martin). Von der Staatsgrenze merkt man auf der Insel wenig, und wenn man nicht darauf achtet, fährt man auf der Hauptstraße an der Grenzmarkierung glatt vorbei. Aber die beiden Teile unterscheiden sich durchaus. Der französische (28 500 Ew.) bietet luxuriöse Hotels und exquisite Restaurants. Der holländische ist eher auf US-Massentourismus ausgerichtet.

SEHENSWERTES

Marigot [123 E3–4]

 ★ Besonders am Yachthafen der Hauptstadt von St-Martin fühlt man sich fast an die Französische Riviera versetzt. Ruhen Sie sich in einem der Straßencafés bei einem *café au lait* aus und schauen Sie den Flaneuren hinterher. Vom ◁ Fort de Marigot, das im 17. Jh. über dem Hafen thronte, sind nur noch Mauerreste und einzelne Kanonen übrig – der Blick über die Stadt lohnt aber den kleinen Aufstieg.

ESSEN & TRINKEN

La Vie En Rose [123 E4]

Restaurant am Marktplatz von Marigot, gute französische Küche zu Pariser Preisen. *Tgl., Blvd. de France, Marigot, Tel. 590/87 54 42, €€€*

EINKAUFEN

Kleidung, Schmuck, Kosmetik und Spirituosen. Die besten Geschäfte befinden sich in Marigot in der *Rue de la Liberté* und in der *Rue de la République* [123 E4].

ÜBERNACHTEN

Captain Oliver's [123 F4]

Ruhiges, kleines Hotel mit Blick auf die Bay. *50 Zi., Oyster Pond, Tel. 590/87 40 26, Fax 87 40 84, www. captainoliver.com, €€*

STRÄNDE

Die schönsten Strände auf dem französischen Teil der Insel sind an den Buchten *Grand Case* [123 E3] und *Orient* [123 F3] zu finden.

AUSKUNFT

Office du Tourisme [123 E4]

Mo–Fr 9–12 und 14–15.30 Uhr; Port de Marigot, Tel. 590/87 57 21, Fax 87 56 43, www.st-martin.org

Strände wie aus Zucker

Das britische Erbe zeigt sich im subtropischen Klima von seiner besten Seite

Bei den Leeward Islands handelt es sich nicht um eine zusammenhängende geografische oder politische Gruppe. Zwischen den einzelnen Inseln, die einst die Verwaltungseinheit der Leewards innerhalb des britischen Empires bildeten, lagen schon damals verstreut kleine Inseln, die unter französischer, holländischer oder dänischer Herrschaft standen. Wie auch die British Virgin Islands, die ebenfalls zu dieser Verwaltungseinheit gehörten, werden diese Inseln jedoch in diesem Führer an anderer Stelle beschrieben.

Straßenmusiker auf Antigua

ANGUILLA

[124 A–C 5–6] Anguilla ist die nördlichste der Leeward Islands und eine der wenigen in der Karibik, die nicht vulkanischen Ursprungs ist. Das koralline Gestein des Eilands erhebt sich an der höchsten Stelle, *Crocus Hill*, kaum 70 m über den Meeresspiegel. Ursprünglich bildete Anguilla (knapp 10 000 Ew.) innerhalb des britischen Empires eine politische Einheit mit St. Kitts und Ne-

An der Meads Bay auf Anguilla warten Skipper auf Gäste

vis, strebte aber nach Unabhängigkeit von den beiden anderen Inseln und erhielt sie auch. Seit 1980 hat Anguilla den Status eines von Großbritannien abhängigen Gebiets. Früher waren Viehzucht und Bootsbau die Haupterwerbsquellen der Insel. In den letzten Jahren ist der Tourismus wichtiger geworden. 1995 verursachte der Hurrikan Louis schwere Schäden, die inzwischen vollständig beseitigt wurden.

SEHENSWERTES

The Valley   **[124 B6]**
Die Hauptstadt liegt eingebettet in einem flachen Tal inmitten der Insel. Bis auf ein paar Boutiquen, Banken, Gästehäuser und Restaurants gibt es nicht viel zu sehen. Interessante Gebäude sind aber der ehemalige britische Beamtensitz

Old Island House und das *Wallblake House* in Crossroads aus dem 18. Jh. Ein Besuch im Tourist Office macht Sie vertraut mit dem Rest der Insel. The Valley bietet sich als Ausgangspunkt für Exkursionen in die Umgebung an.

Wallblake House [124 B6]
Das Plantagenhaus aus dem 18. Jh. gehört heute der katholischen Kirche. Legenden erzählen von ehemals ausschweifendem Leben und Mord. Sehenswert sind vor allem die alte Steinzisterne und der riesige Ofen. Besichtigung nach Vereinbarung. *The Archaeological and Historical Society, Tel. 264/497 27 59*

ESSEN & TRINKEN
Koal Keel [124 B6]
Euro-karibische Küche in einem alten Regierungsgebäude aus dem 18. Jh. (Warden's Place). Sehr exklusiver Weinkeller. *Tgl., The Valley, Tel. 264/497 29 30,* €€€

Old House [124 B6]
Anguillanische Küche in entspannter Atmosphäre. Versuchen Sie die *conches* in Zitronen-Wein-Soße! *Tgl., George Hill, Tel. 264/497 22 28,* €€ – €€€

ÜBERNACHTEN
Cap Juluca [124 A6]
Ein Meisterwerk der Architektur mit Türmen, Rundbögen und kleinen Innenhöfen. Zum Anwesen gehören zwei Strände und acht Villen mit jedem denkbaren Komfort. *98 Zi., Maunday's Bay, Tel. 264/497 66 66, Fax 497 66 17, www.capjuluca.com,* €€€

Malliouhana [124 A6]
★ Das luxuriöse Hotel liegt auf einem Felsvorsprung mit Blick über die Karibische See. Der Name ist die alte Bezeichnung der Kariben für ihre Insel. Sicher ist es eines der schönsten Häuser in der Karibik und vielleicht sogar eines der besten Beachhotels der Welt. Service, Essen und Einrichtung lassen keine Wünsche offen. Keine Kreditkarten. *55 Zi., Meads Bay, Tel. 264/497 61 11, Fax 497 60 11, www.malliouhana.com,* €€€

La Sirena [124 A6]
Das geschmackvoll eingerichtete Hotel ist ein wahres Refugium. Die entspannte Atmosphäre und der gute Service stellen jeden Gast zufrieden. *25 Zi., Meads Bay, Tel. 264/497 68 27, Fax 497 68 29, www.la-sirena.com,* €€

STRÄNDE
Empfehlenswert sind *Maunday's Bay,* gut zum Schnorcheln und Schwimmen [124 A6], *Rendezvous Bay,* 2,5 km langer feiner, weißer Sandstrand [124 A–B6], und *Shoal Bay West,* hier findet man die schönsten *conch shells* [124 A6].

AM ABEND
Red Dragon Disco [124 B6]
Ein heißer Tip fürs Wochenende. *South Hill, Tel. 264/497 26 87*

AUSKUNFT
Anguilla Tourist Office [124 B6]
Mo–Fr 8–12 und 13–17 Uhr, Coronation Avenue, The Valley, Tel. 264/497 27 59, Fax 497 27 10, www.anguilla-vacation.com

INSELN IN DER UMGEBUNG

Dog Island   [124 A5–6]
Privatinsel ca. 16 km nordwestlich von Anguilla, auf der man Relikte früherer Siedlungen und die Ruine eines Farmhauses besichtigen kann.

Sandy Island   [124 A6]
Einsames Inselchen mit nahezu unberührter Natur. Fähre von *Sandy Ground Harbour* aus.

ANTIGUA

[126–127] Antigua ist die zentrale Insel der nördlichen Kleinen Antillen und die größte der Leeward Islands. Über Antigua erreicht man die meisten umliegenden Inseln mit der Fluggesellschaft LIAT. Seit Ende des 17. Jhs. ist die Insel (68 000 Ew.) in britischem Besitz, und man findet keine französischen Einflüsse wie auf vielen der Windward Islands. Im 18. Jh. war Antigua der wichtigste Flottenstützpunkt der Briten in der Karibik. Seit 1981 ist die Insel eine selbstständige konstitutionelle Monarchie innerhalb des British Commonwealth, in der die englische Königin durch den *Governor General* vertreten wird. Während der Kolonialzeit war Antigua eine typische Zuckerinsel mit ausgedehnten Plantagen. Mancherorts sieht man heute noch die Reste der steinernen Mühlen, in denen das Zuckerrohr gepresst wurde. Auch Antigua fiel dem Hurrikan Louis zum Opfer. Die Schäden sind inzwischen weitgehend behoben. Heute lebt Antigua vom Tourismus und vom Dienstleistungssektor.

SEHENSWERTES

English Harbour   [127 D5]
In einer geschützten Bucht an der Südküste fanden die Engländer im 18. Jh. einen idealen Ankerplatz für

MARCO POLO Highlights »Leeward Islands«

★ **Malliouhana**
Luxus pur: ein wirklich perfektes Hotel auf Anguilla (Seite 60)

★ **Nelson's Dockyard**
Antigua: Hafenanlagen aus dem 18. Jh. als Freilichtmuseum (Seite 62)

★ **Curtain Bluff**
Antigua: Hotel und Restaurant sind über jede Kritik erhaben (Seite 64)

★ **Nisbet Plantation Inn**
Karibisches Idyll auf Nevis: wohnen unter Palmen (Seite 68)

★ **Brimstone Hill**
St. Kitts: Bei klarer Sicht hat man einen schönen Fünf-Insel-Blick (Seite 69)

★ **Rawlins Plantation**
Leben wie ein Zuckerpflanzer auf St. Kitts: von Alltagssorgen befreit (Seite 71)

Dekoratives Museumsschiff im English Harbour: Großsegler aus dem 18. Jh.

ihre Karibikflotte. Sie war sicher vor tropischen Stürmen und von den umliegenden Felsen herab leicht gegen Feinde zu verteidigen. Die Hafenanlagen sind eine der größten Touristenattraktionen Antiguas, aber auch die malerischen Ruinen der Befestigungsanlagen *Shirley Heights* lohnen eine Besichtigung.

Insider Tipp Fig Tree Drive [126–127 C–D5]

Nördlich des Ortes Liberta nimmt man gegenüber der katholischen Kirche den Abzweig nach Westen und fährt auf der holprigen Straße durch den Regenwald. Die Straße führt zur Siedlung *Old Road* und dem Hotel *Curtain Bluff*. Sehenswert ist hier die reiche Vegetation.

Nelson's Dockyard [127 D5–6]

★ Der spätere Sieger der Seeschlacht von Trafalgar diente hier als junger Offizier, und später war er Kommandant des Flottenstützpunkts, der jetzt seinen Namen trägt. Die gesamte Anlage ist heute ein Freilichtmuseum, in dem man alte Lagerhäuser und Werkstätten, Docks und Wohnräume besichtigen kann. Zum Teil sind sie auch in Hotels oder in Restaurants umgebaut worden. Nelson's Dockyard ist Ende April bis Anfang Mai auch Hauptquartier der »Antigua Sailing Week«, einer Regatta, die wahren Volksfestcharakter hat. *3,5 km südl. von English Harbour*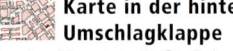

St. John's [126 C3]
Karte in der hinteren Umschlagklappe

In der Hauptstadt St. John's an der Nordwestküste der Insel leben mehr als die Hälfte der Einwohner Antiguas (ca. 30 000). Die in den 1980er-Jahren restaurierten historischen Gebäude am Kreuzfahrtschiff-Hafen *Redcliffe Quay* und *Heritage Quay* täuschen darüber hinweg, dass der größere Teil von St. John's sanierungsbedürftig ist.

ESSEN & TRINKEN

Coconut Grove [126 C2]

Zum Meer hin offenes Strandrestaurant des Siboney Hotels. Spezialität: Fisch und Meeresgetier. *Tgl., Siboney Beach Club, Dickenson Bay, Tel. 268/462 15 38, €€€*

Curtain Bluff [126 C5]

Howard Hulford, Eigentümer des Curtain Bluff Hotels, ist Liebhaber erlesener Weine. 50 000 Flaschen guter Lagen ruhen in seinem Keller. Darunter finden sich viele große französische Namen, wie z. B. Château Lafite oder Mouton Rothschild. Das Essen des Schweizer Chefkochs passt zu den guten Weinen. Keine Kreditkarten. *Tgl., Juni bis Okt. geschl., Old Road, Carlisle Bay, Tel. 268/462 84 00, €€€*

Home [126 C3]

Hier können Sie karibische Haute Cuisine in eleganter und freundlicher Atmosphäre genießen. *Tgl., Luther George Place, Gambles Terrace, Tel. 268/461 76 51, €€*

The Wardroom [127 D5]

Das Restaurant des Copper and Lumber Store Hotels bietet eine phantastische Küche in gemütlicher und gediegener Atmosphäre. Das Interieur ist maritim angehaucht, die Restauranträume sind um einen kleinen Innenhof gruppiert. *Tgl., Copper and Lumber Store, Nelson's Dockyard, Tel. 268/460 10 58, €€€*

EINKAUFEN

Die Haupteinkaufsstraßen in St. John's [126 C3] sind *St. Mary's Street, Long Street* und *High Street.* Samstag ist Markttag (am südlichen Ende der Market Street). Gute Geschäfte mit zollfreien Angeboten, Restaurants, Boutiquen und Bars finden Sie in den Einkaufskomplexen *Redcliff* und *Heritage Quay.*

Busfahren

Im öffentlichen Nahverkehr herrschen andere Sitten

Manchmal ist es etwas schwierig, auf den Kleinen Antillen zwischen Bussen und Taxis zu unterscheiden. Große Linienbusse, wie man sie aus Europa oder Nordamerika kennt, sind hier selten. Meist sind es japanische Kleinbusse, die in halsbrecherischer Fahrt die einzelnen Dörfer mit der Hauptstadt der Insel verbinden. Die Busse sind nicht nur ein billiges Verkehrsmittel, sondern auch ein turbulentes Kommunikationsmittel, und der Kontakt zu den Inselbewohnern ist schnell hergestellt – schon wegen des zwangsläufigen Hautkontakts. Wenn man vom zentralen Busbahnhof in der Hauptstadt abfahren möchte, muss man sich damit abfinden, dass der Busfahrer wartet, bis sein Fahrzeug voll ist. Aber das kann einem, z. B. am Flugplatz, ohne weiteres auch mit einem Taxi passieren – und dann zahlt man dennoch den vollen Tarif.

ÜBERNACHTEN

Admiral's Inn   [127 D5–6]
Ehemaliges Lager- und Bürohaus aus dem 18. Jh. Einfache, aber geschmackvolle Zimmer. Für Badelustige gibt es einen Bootsservice zur nahe gelegenen Freeman's Bay. *14 Zi., Nelson's Dockyard, Tel. 268/ 460 10 27, Fax 460 15 34, €€*

Copper and Lumber Store Hotel   [127 D5–6]
Insider Tipp

Im historischen Nelson's Dockyard. Very british, die Zimmereinrichtungen sind antik, mit englischen Stilmöbeln. *14 Zi., English Harbour, Tel. 268/460 10 58, Fax 460 15 29, www.copperlumberantigua.com, €€–€€€*

Curtain Bluff   [126 C5]
★ ⚜ Für anspruchsvolle Gäste ist Curtain Bluff das Karibikhotel schlechthin. Die Lage auf einem Felssporn erlaubt Meerblick von jedem Zimmer aus und den Verzicht auf Klimaanlagen, denn eine Seebrise reguliert die Temperatur. Howard Hulford hat neben seiner guten Weinkarte auch eine Vorliebe für Tennis. Die Plätze sind in hervorragendem Zustand, ein Tennislehrer steht bereit. Keine Kreditkarten. *62 Zi., Old Road, Carlisle Bay, Tel. 268/462 84 00, Fax 462 84 09, www.curtainbluff.com, €€€*

Hawksbill Beach Resort   [126 B3]
In einem riesigen, tropischen Garten liegt, begrenzt von vier weißen Sandstränden, das Herrenhaus Hawksbill mit seinen Gästebungalows. Das schweizerische Management sorgt für das Wohlbefinden seiner Gäste: mit dem Angebot aller erdenklichen Wassersportarten und vielfältigem abendlichem Entertainment. *111 Zi., Five Islands, Tel. 268/462 03 01, Fax 462 15 15, www.hawksbill.com, €€–€€€*

Murphy's Apartments   [126 C3]
Insi Tip

Elaine Murphy renoviert das Anwesen mit großem Garten liebevoll Schritt um Schritt. Frühstück kann mit ihr arrangiert werden. *12. Zi., St. John's, All Saints Road, Tel. 268/461 04 97, kein Fax, €*

STRÄNDE

Carlisle Bay   [126 C5]
Langer weißer Sandstrand, vor dem die Karibik und der Atlantische Ozean zusammentreffen. *Südöstlich von Old Road*

Five Islands   [126 B3]
Vier Strände gehören zum Hawksbill-Hotelkomplex; einer davon ist FKK-Strand. *Westlich von St. John's*

Half Moon Bay   [127 F5]
Idealer Strand zum Baden, Schnorcheln, Surfen. Von hier aus sieht man die schönsten Sonnenaufgänge – wenn Sie es schaffen, um 6 Uhr aufzustehen … *Südöstlich von Freetown an der Atlantikseite*
Insi Tip

AM ABEND

Casino im St. James Club   [127 E5]
Roulette, Black Jack und anderes mehr. *Tgl. ab 21 Uhr, Mamora Bay, Tel. 268/463 11 13*

Miller's   [126 B2–3]
Tanz und Cocktails am Strand. *Runaway Beach, Fort James, Tel. 268/ 462 94 14*

Bunte Holzhäuschen säumen den Strand von Jolly Harbour auf Antigua

Shirley Heights Lookout [127 D6]

Restaurant und Pub mit sonntäglichen Grillabenden, Musik und Tanz. Ein abendlicher Cocktail und der Blick aufs Meer erwärmen das Herz. *Tel. 268/460 17 85*

AUSKUNFT

Antigua and Barbuda Department of Tourism [126 C3]

Mo–Do 8–16.30, Fr 8–15 Uhr, P.O. Box 363, Nevis Street/Friendly Alley, St. John's, Tel. 268/462 04 80, Fax 462 24 83, www.antigua-barbuda.org

INSELN IN DER UMGEBUNG

Barbuda [126 A–B1–2]

Etwa 50 km nördlich von Antigua liegt die flache, gut 160 km² große Koralleninsel Barbuda, auf der ca. 1500 Menschen leben. Das Hauptdorf *Codrington* ist nach einem reichen Pflanzer aus Antigua benannt, der im 18. Jh. die Insel gepachtet hatte und auf ihr Viehzucht betrieb, sich aber auch in der Zucht von Sklaven versuchte. Die meisten Einwohner Barbudas stammen von den Sklaven aus jener Zeit ab. Zu besichtigen gibt es eine kleine Befestigungsanlage, den *Martello Tower* aus dem frühen 19. Jh. Unterkunft: *K Club, 35 Suiten, Tel. 268/460 03 00, Fax 460 03 05, www.kclubbarbuda.com, €€€*

Redonda [126 A6]

Redonda ist ein »Königreich«. Den Titel »König von Redonda« hat sich ein irischer Siedler, der 1865 von Montserrat aus eine Expedition hierher machte, selbst verliehen. Das felsige Inselchen im Südwesten von Antigua ist bis auf ein paar Ziegen und Eidechsen unbewohnt. Ab und zu kommen Ornithologen herüber, um nach einer endemischen Eulenart zu forschen.

MONTSERRAT

[0] Viele der Einwohner (etwa 4000) stammen von irischen Katholiken ab, die sich im Laufe der Jahrhunderte hier niederließen, auf der Flucht vor religiöser Verfolgung in anderen englischen Kolonien oder in ihrer Heimat. Noch heute sind irische Familien- und Ortsnamen auf der Insel häufig, auch die Umgangssprache ist mit irischen Ausdrücken und Redewendungen durchsetzt. Montserrat galt daher als das Irland der Karibik, als »The Emerald Isle«.

Aber die Insel ist nicht mehr grün. Nachdem sie sich von den schweren Schäden, die ihr Hurrikan Hugo 1989 zugefügt hatte – 95 Prozent aller Gebäude wurden ganz oder teilweise zerstört –, langsam zu erholen begann, wurde sie Opfer einer neuen Naturkatastrophe: 1995 mussten die Bewohner des Inselsüdens auf die umliegenden Inseln und in Montserrats Norden evakuiert werden, weil der Vulkan La Soufrière immer wieder Schwefel und Asche spie. Anfang 1997 zerstörten zwei aufeinander folgende Lavaströme die Great Alps Waterfalls und Galways Soufrière (das Tal des Soufrière). Im Juni des gleichen Jahres gab es eine gewaltige Eruption, bei der 19 Menschen getötet und viele andere obdachlos wurden. Allein sieben Dörfer wurden völlig zerstört. Im August 1997 fing die Hauptstadt Plymouth als Folge einer glühenden Lavadusche Feuer und brannte vollständig aus.

Heute sieht alles aus wie eine karge Mondlandschaft. Die Einwohner bemühen sich, mit finanzieller Hilfe von Großbritannien alles wieder aufzubauen, obwohl der Vulkan noch aktiv ist und es von Zeit zu Zeit immer wieder zu Unruhen kommt. Von einer Reise nach Montserrat ist daher vorerst abzuraten. Es wird noch Jahre dauern, bis die touristische Infrastruktur wiederhergestellt ist. Auskunft über den Stand der Dinge erhält man beim *Montserrat Tourist Board (Postfach 701423, 22014 Hamburg, Tel. 040/695 88 46, Fax 380 00 51)* und auf der offiziellen Website: *www.visitmontserrat.com.*

NEVIS

[125 D–F 1–3] Als Kolumbus auf seiner zweiten Reise im Jahre 1493 die Insel sichtete, erinnerten ihn die Wolken, die sich um den Gipfel des Berges gesammelt hatten, an Schnee. Deshalb nannte er die Insel »Nuestra Señora de las Nieves« – Unsere Herrin des Schnees. Im Laufe der Zeit wurde aus »Nieves« der Name Nevis, die Wolken aber blieben, und es gibt kaum einen Tag, an dem der fast 1000 m hohe Nevis Peak nicht sein Haupt verhüllt.

St. Kitts und Nevis, die beiden Inseln, aus denen der gleichnamige Staat besteht (ca. 47 000 Ew.), sind nur durch einen schmalen Wasserkanal getrennt, dennoch ist auf jeder Insel der Lokalpatriotismus groß: Entweder lebt man auf St. Kitts oder auf Nevis, keinesfalls auf »St. Kitts and Nevis«. Bei einer Volksabstimmung in Nevis stimmten 1998 62,2 Prozent der Stimmberechtigten für die Unabhängigkeit von der Schwesterinsel. Damit haben sie ihre »Freiheit« (noch) nicht erlangt, aber ein deutliches Zeichen ihrer Gesinnung gesetzt.

Nevis (ca. 10 000 Ew.) hat gleichwohl vieles mit seiner größeren Nachbarinsel St. Kitts gemein. Auch hier war der Zucker lange Zeit König, auch hier machte sich der Preisverfall bei diesem wichtigsten Exportgut bemerkbar, und ebenso spielt hier der Tourismus eine weitaus geringere Rolle als auf den anderen Inseln der Kleinen Antillen. Die bedeutendsten Unterschiede sind wohl, dass heute auf Nevis überhaupt kein Zucker mehr angebaut wird und dass die Franzosen nie ernsthaft ver-sucht haben, auf der Insel Fuß zu fassen, weshalb ihr auch die blutigen Kämpfe, die im 18. Jh. auf St. Kitts stattfanden, weitgehend erspart blieben.

Ein historisches Ereignis spielte sich jedoch auf der Insel ab: Horatio Nelson, der Kommandant des britischen Flottenstützpunktes auf Antigua, heiratete hier im Jahre 1787 die junge Witwe Frances Nisbet. Obwohl er zuvor den Handel der Pflanzer mit den gerade unabhängig gewordenen USA bekämpft hatte, waren doch alle Honoratioren der Insel bei der Trauung anwesend. Vielleicht spielte dabei eine Rolle, dass Nelsons Freund Prince William, der englische Thronfolger, Trauzeuge war.

SEHENSWERTES

Charlestown [125 D2]

Wenn Basseterre auf St. Kitts schon wie eine Zeitreise in die Vergangenheit der Karibik wirkt, dann zeigt der größte Ort (ca. 1800 Ew.) auf Nevis die Zeitlosigkeit dieser kleinen Inseln. Schwer vorzustellen, dass hier jemals etwas Aufregendes passiert. Auf einem Spaziergang können Sie sich einige der schönen Bauten englischer Kolonialarchitektur ansehen, z. B. in der *Government Street*. Gegenüber erinnert der *Jüdische Friedhof* an die Zeit, als aus Brasilien geflohene Juden im 17./18. Jh. auf Nevis eine große Gemeinde bildeten. In der *Gallows Bay* (hier wurden früher Piraten am Galgen aufgeknüpft) gehen hin und wieder die Bootsbauer ihrem Handwerk nach.

Nevis Peak: Stets verhüllt eine Wolke sein Haupt

St. John's Church [125 E3]

Hier wird die Hochzeitsurkunde von Horatio Nelson und Frances Nisbet aus dem Jahr 1787 aufbewahrt. *Fig Tree, etwa 3 km von Charlestown entfernt*

MUSEUM

Nelson Museum [125 E3]

Das Museum zeigt eine Reihe von Gegenständen, die im Leben von Horatio Nelson und seiner Frau eine Rolle gespielt haben: z. B. die Teller, die aus England für die Hochzeit hergeschafft wurden. *Bath Road, Mo–Fr 9–16, Sa 9–12 Uhr, Eintritt US$ 2*

ESSEN & TRINKEN

Nisbet Plantation Beach Club [125 E1]

Das Hotelrestaurant wird von einem deutschen Koch geleitet, dessen Küche vorzüglich ist. Tischreservierung, keine Kreditkarten. *Tgl., Newcastle Beach, Tel. 869/469 93 25, €€€*

Insider Tipp **Oualie Beach Club** [125 E1]

Gute Suppen, Salate und frischer Fisch. Pub und Strandrestaurant. Hier gibt es auch Wassersportmöglichkeiten und eine Boutique. *Tgl., Oualie Beach, Tel. 869/469 97 35, €*

ÜBERNACHTEN

Insider Tipp **Golden Rock Estate** [125 E3]

Das Plantagenhaus aus dem 18. Jh. liegt bezaubernd am Fuß des Nevis Peak. Die alte Windmühle ist heute ein begehrtes »Honeymoon-Appartement«. *16 Zi., Gingerland, Tel. 869/469 33 46, Fax 469 21 13, www.goldenrock.com, €€*

Monpelier Plantation Inn [125 E3]

Hier haben Horatio Nelson und Frances Nisbet 1787 geheiratet. Keine Kreditkarten. *17 Zi., Charlestown, Tel. 869/469 34 62, Fax 469 29 32, www.monpeliernevis.com, €€€*

Nisbet Plantation Inn [125 E1]

★ Das schöne Haupthaus des Hotels war nicht das Wohnhaus von Frances Nisbet, es wurde erst nach ihrer Zeit erbaut. Auf der weitläufigen Rasenfläche, die sanft zum Strand hinabführt, stehen zwischen Palmen die Gästebungalows. *38 Zi., Newcastle Beach, Tel. 869/469 93 25, Fax 469 98 64, www.nisbetplantation.com, €€€*

FREIZEIT & SPORT

Scuba Safaris [125 E1]

Der Club bietet verschiedene Wassersportarten an. *Oualie Bay, Tel. 869/469 95 18*

AUSKUNFT

Tourism Office [125 D2]

Main Street, Charlestown, Mo–Fr 8–16, Sa 9–12 Uhr, Tel. 869/469 75 50, Fax 469 75 51, www.nevisisland.com

ST. KITTS

[124–125] St. Kitts wird die »Mutterkolonie der Westindischen Inseln« genannt. Eigentlich heißt die größere der beiden Inseln St. Kitts and Nevis ja St. Christopher, aber dieser Name wird kaum benutzt – außer vielleicht in höchst offiziellen Dokumenten. Anfang des 17. Jhs.

ließen sich hier die ersten englischen und französischen Kolonisten nieder und lebten, immer wieder um die Oberhand kämpfend, auf der geteilten Insel zusammen. Erst im 18. Jh. konnten sich die Engländer endgültig durchsetzen. St. Kitts nahm einen rapiden wirtschaftlichen Aufschwung und wurde zum damals wertvollsten überseeischen Besitz Großbritanniens. Diese Blüte verdankte sie dem im 17. Jh. über Barbados aus Brasilien eingeführten Zuckerrohr. Mitte des 18. Jhs. lebten auf der Insel über 20 000 Menschen, von denen der größte Teil afrikanische Sklaven waren, die auf den Pflanzungen arbeiteten. Die weitere Geschichte der Insel ähnelt der vieler britischer Kolonien in der Region. Ihre vollkommene Unabhängigkeit erreichte sie 1983.

Der Zucker spielt bis heute auf St. Kitts eine viel größere Rolle als auf den anderen ehemaligen Zuckerinseln. Heute bietet die Insel (ca. 37 000 Ew.) einem ankommenden Kreuzfahrtschiff kaum ein anderes Bild, als es sich im 18. Jh. den Segelschiffen gezeigt haben mag: Grüne Zuckerrohrfelder ziehen sich von der Küste die Berge hinauf, weiße mit Palmen besetzte Strände und verstreute Fischerdörfer säumen die Küste der Vulkaninsel. Ihre Hauptstadt Basseterre ist ein Glanzstück kolonialer Architektur mit schönen viktorianischen Bauten und großzügig angelegten Parks. Der Tourismus ist noch nicht so weit entwickelt wie auf vielen anderen Inseln. Wer aber auf Attraktionen wie zollfreien Einkauf verzichten und einen ruhigen Urlaub in üppiger Natur verbringen möchte, wer gerne Golf spielt oder Wanderungen durch den Regen-

wald unternimmt, der ist auf St. Kitts gut aufgehoben.

SEHENSWERTES

Basseterre   [124 C4]

Die Hauptstadt (ca. 15 000 Ew.) von St. Kitts liegt im südlichen, ehemals französischen Teil der Insel und zeigt sich heute von ihrer liebenswürdigsten Seite. Große Teile der Stadt wurden 1867 in einem Feuersturm zerstört. Die nach dem Brand neu errichteten Gebäude prägen noch heute das Gesicht der Stadt: karibische Viktorianik.

Brimstone Hill   [124 A3]

★ ◁▷ Die Festung Brimstone Hill liegt an der Westküste im mittleren, ehemals britischen Teil der Insel. In den Barackenräumen werden heute Ausstellungen zur Geschichte der Festung präsentiert. *Tgl. 9.30–17.30 Uhr; Eintritt US$ 5*

St. Kitts Scenic Railway

Jetzt kann man St. Kitts auch an Bord des doppelstöckigen *Sugar Train* erkunden: In vierstündiger Fahrt geht's auf den alten Schienen der Zuckerrohrbahn am Mount Liamuiga, entlegenen Dörfern und den Küsten vorbei. *Ab Needsmust Station (nahe Flughafen), wechselnde Zeiten, US$ 89, Tel. 869/465 72 63, www.stkittsscenicrailway.com*

ESSEN & TRINKEN

Ballahoo   [124 C4]

◁▷ Restaurant im 1. Stock des alten Steingebäudes direkt am Circus. Bei gutem kreolischem Essen und niedrigen Preisen hat man hier alles im Blick. *So geschl., Fort St., Basseterre, Tel. 869/465 41 97, € – €€*

Ein Fischerdorf als Hauptstadt: Basseterre auf St. Kitts

Chef's Place [124 C4]

Gutes Frühstück, karibische Küche, Sandwiches, Burger. *Tgl., Church St., Basseterre, Tel. 869/465 61 76, €*

Fisherman's Wharf [124 C4]

Insider Tipp

Das Restaurant liegt unterhalb des *Ocean Terrace Inn Hotels*, direkt am Wasser. Das Essen kommt vom Grill. Man reiht sich in die Warteschlange ein, wählt seinen Fisch- oder Fleischgang und die Beilagen aus, sucht sich einen Tisch und isst. Keine Kreditkarten. *Tgl., Fortlands, Basseterre, Tel. 869/465 27 54, €€*

Turtle Beach Bar & Grill [125 E5]

Insider Tipp

Der Name trügt nicht. Am Strand von Turtle Beach legen Wasserschildkröten ihre Eier ab. Die schlüpfenden Babys kann man in der Zeit von April bis Juli beobachten. Am Wochenende kommt in diesem lässigen Strandrestaurant Stimmung auf. Zum westindischen Büfett spielt dann eine Liveband Calypso. *Tgl., Turtle Beach, Tel. 869/469 90 86, €€ – €€€*

ÜBERNACHTEN

Fairview Inn [124 C4]

Ins' Tip

Auf einem Hügel mit weitem Blick über die Südwestküste liegt das Herrenhaus aus dem 18. Jh. Ein Bad im Pool und ein kühles Bier auf der Veranda machen einen Sonnenuntergang hier perfekt. *30 Zi., Old Town Road, Boyd's, Tel. 869/ 465 24 72, Fax 465 10 56, € – €€*

Golden Lemon [124 B2]

Die amerikanischen Besitzer haben aus einem ehemaligen Zuckerlagerhaus ein Kleinod geschaffen. Helle Zimmer im karibischen Stil, Blick aufs Meer. *26 Zi., Dieppe Bay, Tel. 869/465 72 60, Fax 465 40 19, www.goldenlemon.com, €€€*

Ocean Terrace Inn (OTI) [124 C4]

Freundliches Hotel an Basseterres Uferpromenade. Schöner Garten, 2 Pools, großzügige Zimmer, wunderbarer Blick auf den Hafen von Basseterre. *52 Zi., Basseterre, Tel. 869/465 27 54, Fax 465 10 57, tdcoti@caribsurf.com, € – €€*

Rawlins Plantation [124 A2]

★ Das Rawlins vermittelt einen guten Eindruck davon, wie das Leben als Plantagenbesitzer gewesen sein muss: angenehme Umgebung, Ruhe, dienstbare Geister. Keine Kreditkarten. *10 Zi., Mount Pleasant, Tel. 869/465 62 21, Fax 465 49 54, rawplant@caribsurf.com, €€*

Sea View Inn [124 C4]

Einfaches, kleines Hotel im 1. Stock direkt an der Hafenstraße. Schöner Blick auf das Meer und auf Nevis vom hauseigenen Restaurant aus. *10 Zi., Bay Road, Basseterre, Tel. 869/466 16 35, €*

Kenneth's Dive Center [124 C4]

Tauchschule von Kenneth Samuel. *Bay Road East, Tel. 869/465 26 70*

Kriss Tours

Organisierte Wanderungen, u. a. auf den *Mount Liamuiga,* den höchsten Berg der Insel. *Tel. 869/465 40 42*

STRÄNDE

Die besten Strände sind *Frigate Bay* [125 D5], *Mosquito Bay* [125 E5] und *Turtle Bay* [125 E5–6].

AM ABEND

Bobsy's Bar & Grill [124 C4]

Bei Einheimischen wie Touristen beliebter Hang-out. *Cayon St., Basseterre, Tel. 869/466 61 33*

Manhattan Gardens [124 B4]

Barbecue und Tanz am Wochenende. *Old Road Town, Tel. 869/465 91 21*

Off Limit [124 C3]

Einfache Disko mit guter Tanzmusik. *Cayon, Tel. 869/466 98 21*

AUSKUNFT

Department of Tourism [124 C4]

Pelican Mall, Bay Rd., P. O. Box 132, Basseterre, Tel. 869/465 40 40, Fax 465 87 94, www.stkitts-tourism.com

Affentheater

St. Kitts und seine tierischen Clowns

Auf der Südhalbinsel von St. Kitts leben in den Hügeln Horden wilder Affen der Spezies Grüne Meerkatze (Green Monkey). In der Turtle Beach Bar gehören sie sozusagen zum lebenden Inventar. Sie wissen, dass sie nicht vertrieben werden, und unterhalten vor allem die speisenden Gäste nicht nur mit Freundlichkeiten: Manchmal fordern sie ihre »Gage« in Form von Essbarem ziem lich handgreiflich ein. Trotzdem sind sie natürlich gern gesehene Clowns – eine echte Attraktion des Strandrestaurants.

Der einzige Berg Hollands

**Der Kleinstaat einmal anders:
Tauchen, Shopping, amerikanische Resorts
in den karibischen Niederlanden**

Die drei Inseln Saba, Sint Eustatius und Sint Maarten bilden die nördliche Gruppe der Niederländischen Antillen, die südliche, eher zu Südamerika gehörende Gruppe – Aruba, Bonaire und Curaçao – liegt fast 900 km entfernt vor der Küste Venezuelas. Wie die Französischen Antillen sind die Niederländischen Antillen weder Kolonien noch selbstständige Staaten, sondern unabhängige Teile der Niederlande. Alle drei Inseln verfügen kaum über Rohstoffe, auch der landwirtschaftliche Ertrag ist gering, sodass für die Urlauber viel getan wird, denn schließlich bringen sie das Geld ins Land.

Saba (heute ca. 1200 Ew.) wurde im Lauf seiner Geschichte von der französischen, spanischen, englischen und holländischen Kultur beeinflusst.

Saba ist eine Attraktion für alle, die gerne tauchen und schnorcheln. Die weitgehend unberührten Tauchgebiete um die Insel herum sind zum ★ *Naturpark* erklärt worden, und die Parkverwaltung wie auch die Tauchveranstalter, unter deren Leitung man sich in die Reviere begibt, achten sehr darauf, dass die Vorschriften, z. B. das Anlegen an den richtigen Ankerplätzen, eingehalten werden.

SABA

[122 A–C 1–3] Der erloschene Vulkan, aus dem die Insel Saba hervorgegangen ist, erhebt sich zu einer stolzen Höhe von fast 900 m. Diesen Berg können die Holländer allerdings erst seit 1812 ihr Eigen nennen, vorher wechselte die Insel zwölfmal die europäischen Besitzer.

Auch die Architektur zeigt niederländische Einflüsse: Kirche auf Saba

SEHENSWERTES

The Bottom   [122 A2]
Der Verwaltungssitz der Insel liegt nicht »ganz unten«, sondern 250 m über dem Meeresspiegel. Die holländischen Häuschen mit ihren roten Dächern und hübschen Vorgärten wirken schon etwas seltsam, so mitten in der Karibik.

Mt. Scenery   [122 B2]
Die Bewohner der Insel nennen den Berg in der Inselmitte nur »The Mountain«. Vom Ort *Wind-*

Blütenpflanze am Vulkan
The Quill auf St. Eustatius

Queen's Garden Resort [122 A2]
Holländischer Kolonialstil mit indonesischer Einrichtung. *12 Zi., Troy Hill, Tel. 599/416 34 94, Fax 416 34 95, info@queensaba.com,* €€€

Scout's Place [122 B2]
Das einstige Gästehaus der Regierung. Einfach, aber sehr angenehm. *14 Zi., Windwardside, Tel. 599/ 416 27 40, Fax 416 27 41, sabadivers@unspoiledqueen.com,* €

Saba Tourist Office [122 B2]
Windwardside, Tel. 599/416 22 31, Fax 416 23 50, Mo–Fr 8–17 Uhr, www.sabatourism.com

SINT EUSTATIUS

[122 A–C 4–6] Kolumbus nannte die Insel St. Anastasia, aber sie wird von allen nur »Statia« gerufen. Sint Eustatius (2700 Ew.) wurde sie erst später von den Holländern genannt. Die Besitzer der Insel wechselten 22-mal, bevor die Holländer 1816 ihre Ansprüche endgültig geltend machen konnten.

Im 18. Jh. war Statia ein wohlhabender Handelsstützpunkt, der eine wichtige Rolle im Warenverkehr zwischen Europa, Afrika, der Karibik und Nordamerika spielte. Heute ist die nur 31 km² große Miniinsel ein Geheimtipp für Wassersportler – vor allem Taucher – und Wanderfreunde. Die der Insel vorgelagerten Korallenriffe sind Tummelplätze der buntesten und verschiedensten Fische. Die Wander-

wardside aus können Sie den 870 m hohen Gipfel des Vulkans über Steintreppen (über 1000 Stufen!) erklimmen.

**King's Crown
Restaurant** [122 A2]
Französische Küche mit karibischem Flair. *So geschl., Queen's Garden Resort, Troy Hill, Tel. 599/ 41 63 49,* €€

Saba Lace (handgemachte Spitze) und *Saba Spice* (Rum) sind die Spezialitäten der Insel. Erhältlich bei *Heritage Shoppe* und *Saba Lace Boutique Shop, beide Windwardside* [122 B2].

wege hinauf zum Krater des Vulkans führen durch Regenwaldgebiete mit Farnen, Mahagonibäumen, Hibiskus- und Oleandersträuchern.

SEHENSWERTES

Fort Oranje [122 A5]
◀▷ Von der Festung über Oranjestad hat man einen schönen Blick aufs Meer. Hier wurden 1776 die ersten Salutschüsse für ein amerikanisches Schiff nach Gründung der USA abgefeuert, vielleicht aus den Kanonen, die man noch heute sieht.

Oranjestad [122 A5]
In der Oberstadt gibt es schöne Gebäude aus der niederländischen Kolonialzeit, z. B. das *De-Graaff-Huis* und *Three Widows Corner*. Im ehemaligen Hafengebiet der Unterstadt können Sie einen Blick in die alten Lagerhäuser werfen.

The Quill [122 B6]
★ Der Krater des erloschenen Vulkans hat einen Durchmesser von über 500 m. Wenn der Mond in klaren Nächten sehr hell scheint,

fangen die Einheimischen hier Landkrebse, die am nächsten Tag in den Kochtopf wandern. Wenn Ihre Kondition nicht die beste ist, sollten Sie auf den Ausflug verzichten, denn der Aufstieg dauert etwa drei Stunden.

MUSEUM

St. Eustatius Historical Foundation Museum [122 A5]
Das Museum zeigt Ausstellungen aus der indianischen Zeit und dem 17./18. Jh., der »goldenen Zeit« Statias. *De-Graaff-Huis, 12 van Tonningenweg, Mo–Fr 9–17, Sa/So 9 bis 12 Uhr, Eintritt US $ 2*

ESSEN & TRINKEN

Blue Bead Bar [122 A5]
Westindische und indonesische Küche wird zwischen Ruinen aus dem 18. Jh. direkt am Meer serviert. *Tgl., Gallows Bay, Tel. 599/ 318 28 73, €–€€*

Ocean View Terrace [122 A5]
◀▷ Von der Terrasse aus hat man einen vortrefflichen Blick auf Fort

---

MARCO POLO Highlights
»Niederländische Antillen«

★ **Naturpark Saba**
Die Gewässer um die Insel sind Naturschutzgebiet
(Seite 73)

★ **The Quill**
Verwunschener Vulkankrater auf Sint Eustatius
(Seite 75)

★ **The Pasanggrahan Royal Guest House**
Sie wohnen hier wie einst die Königin der Niederlande, denn das kleine Stadthotel auf Sint Maarten war früher elnmal Ihr persönliches Gästehaus
(Seite 77)

Oranje, vor allem bei Sonnenuntergang. Sehr gut die *shrimp creole!* *Di geschl., Governer's Guest House, Tel. 599/318 29 34, €–€€*

ÜBERNACHTEN

King's Well Hotel [122 A5]

Das kleine Hotel thront auf den Klippen zwischen Upper und Lower Town. Vor allem Taucher und Segler fühlen sich hier wohl. Die teureren Zimmer haben einen phantastischen Blick aufs Meer. *11 Zi., Bay Road, Lower Town, Oranjestad, Tel./Fax 599/318 25 38, kings wellresort2000@yahoo.com, €–€€*

STRÄNDE

Die Strände an der Ostküste sind wunderschön, aber Vorsicht: Gefährliche Strömungen machen den Wasserspaß zum russischen Roulette! Informieren Sie sich vorab bei den Einheimischen. Gute Badestrände sind die *Corre Corre Bay* [122 C5] und *Smoke Allay Beach* [122 A5].

AUSKUNFT

Sint Eustatius
Tourist Office [123 E5]
3, Fort Oranjestraat, Tel./Fax 599/ 318 24 33, Mo–Fr 8–17 Uhr, www. turq.com/statia

SINT MAARTEN

[123] Sint Maarten teilt sich mit seinem französischen Nachbarn St-Martin (siehe S. 57) die Insel. Diese Verbindung ist weltweit die kleinste geografische Einheit, auf der zwei Nationalstaaten friedlich nebeneinander leben. Der niederländische Teil (39 000 Ew.) ist kleiner als der französische und liegt im Süden der Insel. Sint Maarten ist die wohlhabendste der Niederländischen Antillen. Diesen Reichtum hat sich Sint Maarten durch eine extensive Bebauung für den Tourismus erkauft: mit großen Hotelanlagen nach amerikanischem Resort-Muster, Restaurants, Bars, Kasinos.

SEHENSWERTES

Philipsburg [123 E–F5]
Die Hauptstadt liegt auf einer schmalen Landbrücke zwischen der Groot Baai und dem Great Salt Pond. Parallel zum Wasser verlaufen die beiden Hauptstraßen der Stadt: *Front Street* und *Achterstraat*. Front Street ist die Einkaufsmeile mit Dutyfreeshops, Restaurants und Spielkasinos. Sehenswert ist das alte niederländische *Gerichtsgebäude*.

ESSEN & TRINKEN

Le Bec Fin [123 E5]
Französische Küche in romantischer Atmosphäre bei wunderbaren Sonnenuntergängen über der Bay. *Tgl., 141, Front Street, Philipsburg, Tel. 599/542 29 76, €€€*

Shiv Sagar [123 E5]
Authentische indische Küche mit Tandoorispezialitäten. *Tgl., 20 Front Street, Philipsburg, Tel. 599/ 542 22 99, €*

EINKAUFEN

Front Street [123 E–F5]
Hier reihen sich die abgabenfreien Geschäfte aneinander. Philipsburg ist neben Charlotte Amalie auf St.

Eilige Erfrischungsgetränke im Einsatz: fliegender Händler auf Sint Maarten

Thomas in den US Virgin Islands der bekannteste Dutyfreehafen der nördlichen Karibik. Hier gibt es (fast) alles.

ÜBERNACHTEN

**Oyster Bay
Beach Resort** [123 F4]
Die Gesellschaftsräume des Hotels gruppieren sich um einen schönen Innenhof. Die Gästezimmer sind hell und geräumig, mit Blick aufs Meer. *138 Zi., Philipsburg, Tel. 599/543 60 40, Fax 543 66 95, oyster@sintmaarten.net, €€€*

**The Pasanggrahan
Royal Guest House** [123 F5]
⭐ Das kleine, charmante Hotel war einst die Residenz des Gouverneurs und das Gästehaus der niederländischen Königsfamilie. *28 Zi., Philipsburg, Tel. 599/542 35 88, Fax 542 28 85, info@pasanhotel. com, €€*

FREIZEIT & SPORT

Ocean Exploreres [123 F5]
Tauchen, Boote, Exkursionen. *Simpson Bay Beach, Tel. 599/544 52 52*

STRÄNDE

Neben dem Stadtstrand von Philipsburg sind auch die Strände in der *Maho Bay* [123 D4] und der *Mullet Bay* [123 D4] sehr schön.

AM ABEND

In vielen der großen amerikanischen Hotels gibt es Spielkasinos und Unterhaltung.

AUSKUNFT

**Tourist Information
Bureau** [123 F5]
Vineyard Office Park, WG Buncamper Road, Tel. 599/542 23 37, Fax 542 27 34, www.st-maarten.com

Tausend kleine Meerjungfrauen

Zwischen den winzigen Inselchen lässt es sich herrlich segeln. Auf den britischen geht es ruhiger zu als auf den amerikanischen Virgin Islands

Charmantes Hotel auf St. Thomas

Wenn man mit einem der kleinen »Inselhüpfer« die Virgin Islands anfliegt, bietet sich ein bezaubernder Anblick: Unter dem Flugzeug liegen, so weit das Auge reicht, kleine, größere und winzige Inseln, dazwischen breitet sich das in allen erdenklichen Blau- und Grünschattierungen schimmernde Meer aus – durchzogen von weißen Federstrichen der Kielwasserlinien, die die Yachten hinterlassen.

Schon Kolumbus muss die immense Anzahl der Inseln beeindruckt haben, denn er benannte die Gruppe nach den elftausend Jungfrauen, die im 5. Jh. nach Chr. die Gefolgschaft der heiligen Ursula gebildet haben sollen. Übertrieben hat er damit schon ein wenig, denn es sind tatsächlich nur um die 100 Eilande, die sich östlich von Puerto Rico als nördlichste Gruppe der Kleinen Antillen aus dem Meer erheben. Geografisch bilden die Inseln eine Einheit, nur zwei liegen etwas abseits: St. Croix im Süden und Anegada im Norden. Politisch sind die Inseln zweigeteilt: im Osten die British Virgin Islands, im

Trunk Bay, Schmuckstück an der Nordwestküste von St. John

Westen die US Virgin Islands. Die kulturellen Unterschiede sind durch ihre Geschichte und die Auswirkungen der zwei politischen Systeme zu erklären.

Die British Virgin Islands sind ruhiger als ihre amerikanischen Schwestern. »Laid back« (»ganz entspannt«) ist die Grundeinstellung der Inselbewohner. Weder in Road Town, der Hauptstadt auf Tortola, noch in einer der Hotelanlagen oder kleineren Siedlungen kommt Hektik oder Eile auf. Unter den Einheimischen hat sich viel von der britischen Lebensart gehalten, die sich im subtropischen Klima von ihrer besten Seite zeigt.

Die Inseln liegen in zwei losen Ketten nördlich und südlich des Sir Francis Drake Channel. Die Gewässer gehören zu den besten Segelrevieren der Welt: relativ sturmsicher, navigatorisch nicht sehr fordernd und mit einer großen Auswahl an schönen Ankerplätzen in kleinen Buchten und gut ausgestatteten Marinas. Nicht ohne Grund hat hier die weltweit größte Yachtcharterfirma ihr Hauptquartier.

Nachdem Kolumbus die Inseln entdeckt hatte, blieben sie lange Zeit in spanischem Besitz. 1672 fielen sie an die englische Krone. Heute sind sie britische Kronkolonie, das heißt, die englische Königin ist nominell das Staatsoberhaupt, doch ihre inneren Angelegenheiten regeln die Inselbewohner weitgehend autonom.

Die amerikanischen Virgin Islands gehören seit 1917 als abhängiges Gebiet zu den Vereinigten Staaten, die sie für 25 Mio. Dollar der dänischen Krone abkauften. Die Einwohner haben ein eingeschränktes Wahlrecht bei den amerikanischen Präsidentschaftswahlen, doch die Inselgruppe regiert sich selbst.

In der Vergangenheit lebten die Inseln hauptsächlich von Zuckerrohranbau und dem Zuckerhandel. Seit der kubanischen Revolution sind die Inseln ein Urlaubsparadies für Amerikaner, die ohne Formalitäten einreisen können und besonders große Freimengen zollfreier Waren mit in die Heimat nehmen dürfen. Die Inseln sind sehr amerikanisch: große, moderne Hotelanlagen, Straßenkreuzer, Fastfood – eben alles, was zum *american way of life* gehört. Allerdings auch mit dessen Schattenseiten: Die Kriminalitätsrate ist hier höher als anderswo auf den Kleinen Antillen, die Preise sind höher, und insgesamt herrscht mehr Trubel.

ST. CROIX

[120–121 B–F 4–6] St. Croix ist mit einer Landfläche von 213 km^2 und 63 000 Einwohnern die größte Insel der US Virgin Islands. Sie liegt etwa 120 km südlich von St. John und St. Thomas. Die beiden Städtchen auf St. Croix – Christiansted und Frederiksted – haben viel von ihrem dänischen Flair erhalten, das auf ihre einstigen Besitzer hinweist, mehr als etwa St. John oder St. Thomas.

SEHENSWERTES

Buck Island
National Park   [121 E4]
★ Vor der Nordküste von St. Croix liegt Buck Island, eine kleine Insel, die mit ihren ausgedehnten Schnorchelrevieren von den Vereinigten Staaten zum Nationalpark erklärt wurde. Ein Unterwasserpfad führt vorbei an erklärenden Tafeln, die Hinweise auf den Routenverlauf und auf verschiedene Korallenarten und andere Bewohner der Tiefe geben. *Dive St. Croix, King's Wharf, Christiansted, Tel. 340/773 34 34; Scuba Ways, Frederiksted, Tel. 340/ 772 37 01*

Christiansted   [121 D5]
Die Altstadt von Christiansted (15 000 Ew.) zeigt, wie vernünftig die Dänen mit dem anstrengenden Klima der Karibik umgegangen sind: Viele Straßen sind von Arkaden gesäumt. Besonders interessant ist das Labyrinth von Gassen und Straßen am nördlichen Ende der *Queen Cross Street*, wo sich Geschäfte, Restaurants und Boutiquen finden.

Frederiksted [120 B5]

In der kleineren (4000 Ew.) der beiden Städte auf St. Croix stehen viele schöne Gebäude aus der Kolonialzeit. Ein Tagesausflug lohnt allemal.

ESSEN & TRINKEN

Blue Moon [120 B5]

Das kleine Bistro serviert asiatisch-französisch angehauchte Küche und ist berühmt für seine Live-Jazz-Sessions *(Fr)*. Köstlich die Ravioli aus Süßkartoffeln mit Pilzsauce! *Mo geschl., 17 Strand St., Frederiksted, Tel. 340/772 22 22, €€*

Kendrick's [121 D5]

Das Restaurant im ersten Stock ist bei den einheimischen Geschäftsleuten wegen der guten Küche beliebt: Jeden Abend sind alle Tische belegt, und es ist eine Menge los. *So geschl., King Street, Christiansted, Tel. 340/773 91 99, €€€*

EINKAUFEN

St. Croix hat keine Dutyfree-Meile, dennoch ist ein Bummel durch Christiansted vergnüglich.

ÜBERNACHTEN

Cormorant Beach Club [121 D5]

Kleines Strandhotel mit karibischer Atmosphäre: Palmen, Hängematten, Deckenventilatoren, Rattanmöbel. Zum Hotel gehört ein exzellentes Restaurant. *38 Zi., 4126 La Grande Princesse, Christiansted, Tel. 340/778 89 20, Fax 778 92 18, www.cormorant-stcroix.com, €€€*

The Pink Fancy [121 D4]

Kleines Hotel in einem alten dänischen Stadthaus mit rosa getünchten Dächern im Zentrum von Christiansted, Geschäfte und Restaurants kaum 5 Min. zu Fuß entfernt. Die Zimmer für Selbstversorger sind um einen schönen Swimmingpool gruppiert. *12 Zi., 27 Prince Str., Christiansted, Tel. 340/773 84 60, Fax 773 64 48, www.pinkfancy.com, €€*

STRÄNDE

Gute Strände finden Sie in der *Cane Bay* [120 C4], empfehlenswert sind außerdem *Grapetree Beach* [121 E5] sowie *Buccaneer* [121 D4] und *Cormorant Beach* [121 D4].

MARCO POLO Highlights
»Virgin Islands«

★ **The Baths**
Berühmt: die gigantischen Felsen auf Virgin Gorda (Seite 86)

★ **Bitter End Yacht Club**
Strandhotel mit guten Wassersportmöglichkeiten auf Virgin Gorda (Seite 86)

★ **Buck Island National Park**
Nationalpark unter Wasser, von St. Croix aus per Boot zu erreichen (Seite 80)

★ **Virgin Islands National Park**
Natur pur auf St. John – inklusive Zuckermühle und Felsbilder (Seite 82)

Schnorchler vor den Virgin Islands

Two plus Two Disco   [121 D5]
Fr und Sa Livemusik. *La Grande Princesse, Northside Road, Christiansted, Tel. 340/773 37 10*

St. Croix Division of Tourism   [121 D5]
P. O. Box 4538, Queens Cross St., Christiansted, Tel. 340/773 04 95, Fax 773 50 74, www.usvi.net

St. John

[121 D–F 2–3] Die östlichste der US Virgin Islands ging in den 1950er-Jahren zur Hälfte in den Besitz der Rockefellers über. Die Magnatenfamilie spendete den größten Teil für einen Nationalpark, der zwei Drittel der 50 km² großen Insel bedeckt.

Bordeaux Mountain   [121 E3]
Der höchste Berg auf St. John ragt 389 m hoch auf: toller Blick auf das Meer und andere Inseln (Routenkarte beim *Visitors' Centre* in Cruz Bay).

Cruz Bay   [121 D3]
In der kleinen Hauptstadt der Insel gibt es ausgefallene Läden und Restaurants. Außerdem befindet sich hier das *Visitors' Centre* des Nationalparks. *Am Hafen, tgl. 8–16.30 Uhr, Tel. 340/776 62 01*

Virgin Islands National Park   [121 D–F 2–3]
★ Mehrmals in der Woche führt ein Parkranger den *Reef Bay Hike*, eine Wanderung durch die Vegetationszonen des Parks. Dazu gehören auch der Besuch einer alten Zuckermühle und die Besichtigung vorkolumbischer Felsbilder. *Information im Visitors' Centre, Cruz Bay*

Lime Inn   [121 D3]
Meeresfrüchte und Pasta. *Tgl., Cruz Bay, Tel. 340/776 64 25*, €€

Miss Lucy's Restaurant   [121 E3]
Pig roast und frischer Fisch stehen auf der Tageskarte. Allein der conch chowder (Conch-Suppe) wegen lohnt der Weg hierher. *Tgl., Salt Pond, Tel. 340/693 52 44*, € – €€

Insider Tip!

Die interessantesten Läden konzentrieren sich auf *Wharfside Village* und *Mongoose Junction* in Cruz Bay. Hier findet man ausgefallenen Schmuck, exotische Wohnaccessoires, Talismane und Kleidung.

Caneel Bay Resort   [121 D3]
Elegante, von Rockefeller in den 1950er-Jahren gebaute Anlage mit Restaurants und allen Wassersport-

angeboten. *166 Zi., Cruz Bay, Tel. 340/776 61 11, Fax 693 82 80, www.caneelbay.com, €€€*

St. John Inn [121 D3]

Kleines, unprätentiöses Hotel mitten in Cruz Bay. *13 Zi., Cruz Bay, Tel. 340/693 86 88, Fax 693 99 00, www.stjohninn.com, €€*

AUSKUNFT

Tourist Office [121 D3]

P. O. Box 200, Cruz Bay, Tel. 340/776 64 50

Das 14-täglich erscheinende Magazin »Tradewinds« informiert über die Insel und ist in fast allen Geschäften auf St. John erhältlich (US $ 0,50).

ST. THOMAS

[120–121 A–D 2–3] Die Hauptinsel (ca. 51 000 Ew.) der US Virgin Islands ist intensiv bebaut, sodass von der einstigen Landschaft nicht mehr viel zu sehen ist. Charlotte Amalie, die Hauptstadt, platzt aus allen Nähten; am Hafen und am Rand des Zentrums ragen Betonklötze in den Himmel. Dennoch besuchen Kreuzfahrtgäste gerne die Stadt, denn zwischen *Waterfront* und *Main Street* erstreckt sich ein Gewirr von Gässchen, die viele Dutyfree-Shops beherbergen.

SEHENSWERTES

Charlotte Amalie [120 B–C3]

Charlotte Amalie (12 300 Ew.), die Hauptstadt der US Virgin Islands, wird wegen ihrer Dutyfree-Shops auf jeder Kreuzfahrtroute durch die nördlichen Kleinen Antillen ange-

laufen. Abgesehen davon hat die Stadt aber nicht viel zu bieten.

Coral World Marine Park [120 C2] *Insider Tipp*

Durch riesige Glasscheiben können Sie das Treiben in einem lebenden Korallenriff bestaunen. *Tgl. 9–17 Uhr, Eintritt US $ 18, Route 6, Coki Point, www.coralworldvi.com*

Mountain Top [120 C2]

Von dem Aussichtslokal aus haben Sie eine schöne Sicht auf den nördlichen Teil von St. Thomas und auf die Magans Bay, Tortola. Wenn der Himmel klar ist, können Sie noch andere Inseln sehen. *Route 33*

ESSEN & TRINKEN

Hotel 1829 [120 C3] *Insider Tipp*

Eins der besten Restaurants auf St. Thomas. Spezialität: frische Meeresfrüchte. *So geschl., Government Hill, Charlotte Amalie, Tel. 340/776 18 29, €€€*

EINKAUFEN

Charlotte Amalie [120 B–C3]

Auf der Main Street finden Sie in den Dutyfree-Shops internationale Designernamen, Schweizer Uhren, japanische Unterhaltungselektronik, hochwertige Parfümerieartikel, Alkohol und Tabak – alles zollfrei.

ÜBERNACHTEN

Hotel 1829 [120 C3]

Das alte Haus im spanischen Kolonialstil bietet eine schöne Unterkunft in der Hauptstadt. *15 Zi., Charlotte Amalie, Tel. 340/776 18 29, Fax 776 43 13, www.hotel1829.com, €€*

AM ABEND

The Greenhouse [120 C3]
Nach 22 Uhr wird die Bar des Restaurants zum Rock-'n'-Roll-Club. *Waterfront Highway, Tel. 340/ 774 79 98*

AUSKUNFT

St. Thomas Division of Tourism [120 C2]
P. O. Box 6400, Waterfront, Charlotte Amalie, Tel. 340/774 87 84, www.usvi.net

TORTOLA

[118–119 B–D 4–5] *Tortola*, die von den Spaniern wegen der vielen Turteltauben so genannte Hauptinsel der British Virgin Islands (19 000 Ew.), liegt am nördlichen Rand des Francis Drake Channel. Der größte Teil der 54 km² großen Insel ist von Buschwerk bewachsen, da der ursprüngliche Regenwald abgeholzt wurde, um Raum für Zuckerrohrpflanzungen zu schaffen. Nur am Mount Sage auf der Westhälfte der Insel findet man noch Spuren der einstigen Vegetation. Die Hauptstadt ist Road Town.

SEHENSWERTES

J. R. O'Neal Botanic Gardens [118 C4]
Der botanische Garten der Inselhauptstadt ist noch relativ jung, kann aber dank der Hilfe örtlicher Sponsoren schon eine schöne Anlage vorweisen; mit einem kleinen Orchideenhaus, einem Bambushain und Teichen. *Mo–Sa 8–16, So 12 bis 17 Uhr, Eintritt frei, Road Town*

Mount Sage National Park [118 B5]
Mount Sage ist der höchste »Berg« (543 m) auf Tortola. An seinen Hängen liegt der Nationalpark, in dem der Regenwald unter Schutz steht. Auf Tortola und den anderen Inseln wächst wegen der intensiven Plantagenwirtschaft fast nur macchiaähnliches Strauchwerk. Auch der Regenwald ist nicht beeindruckend, aber von gut angelegten Wegen erschlossen. *Eintritt frei, Zufahrt über Joe's Hill Road*

Road Town [118 C4]
Das Städtchen liegt von Hügeln umrahmt an einer Bucht der Südküste. Road Town ist Hauptstadt, Gouverneurs- und Verwaltungssitz der British Virgin Islands. Von hier fahren Fähren zu den anderen Inseln und nach *St. John's* und *St. Thomas*.

ESSEN & TRINKEN

The Pub [118 C4]
🌿 Burger, Steaks, gegrillter Fisch, *conches* etc. Man speist auf der Holzveranda mit schönem Blick auf Marina und den Hafen von Road Town. *Tgl., Waterfront Drive, Tel. 284/494 26 08, €–€€*

Skyworld [118 B4]
🌿 Atemberaubender Blick auf die Nachbarinseln. Elegante Atmosphäre. *Tgl., Ridge Road, Tel. 284/ 494 35 67, €€€*

Sugar Mill [118 B5] *Insider Tipp*
Das Restaurant des gleichnamigen Hotels bietet abends ein tolles Menü zum Festpreis an. Rufen Sie vorher an und fragen Sie, was es in den nächsten Tagen gibt. *Tgl., Apple Bay, Tel. 284/495 43 55, €€€*

RMS »Rhone«

Wracktauchen zur Hollywood-Kulisse

Während eines Hurrikans im Jahre 1867 sank das britische Postschiff RMS »Rhone« vor Salt Island, einer kleinen Insel der British Virgin Islands. Das gut erhaltene Wrack diente als Kulisse für den Hollywoodfilm »Die Tiefe«, der Jacqueline Bisset 1977 berühmt machte. Heute ist das in einer Tiefe von 9 bis 24 m unter Wasser liegende Wrack ein beliebtes Ziel für Taucher. Praktisch alle Tauchschulen auf den British Virgin Islands bieten Ausflüge zur »Rhone« an (Adressen siehe Seite 97).

EINKAUFEN

Pusser's Company Store & Pub [118 C4]

Pusser's Rum, Strandbekleidung und allerhand maritime Souvenirs. *Main Street, Road Town*

Sunny Caribbee Herb and Spice Company [118 C4]

Appetitlich verpackte karibische Gewürze, Kaffee, Tee und schöne Mitbringsel. *Main Street, Road Town*

ÜBERNACHTEN

Frenchman's Cay Resort Hotel [118 B5]

Die Gästebungalows oberhalb des Rezeptionsgebäudes haben jeder eine eigene Küche, ein bis drei Schlafzimmer und Blick auf den Sir Francis Drake Channel. *9 App., West End, Tel. 284/495 48 44, www.frenchmans.com, €€*

Lambert Beach Resort [118 C4]

Exklusive Villen am schönen Strand von Elizabeth Beach; zum Meer hin offenes Restaurant. *38 Zi., Tel. 284/ 495 28 77, Fax 495 28 76, www. lambertbeachresort.com, €€*

Ole Works Inn [118 B4]

Das kleine Hotel wurde um eine 300 Jahre alte Zuckermühle herumgebaut. *18 Zi., Cane Garden, Tel. 284/495 48 37, Fax 495 96 18, oleworks@candurbvi.net, €−€€*

Pusser's Fort Burt Hotel [118 C4]

Hotel auf einem Felsvorsprung über der Bucht von Road Town: schöner Blick auf die Stadt und die anderen Inseln. *17 Zi., Road Town, Tel. 284/494 25 87, Fax 494 20 02, fortburt@surfbvi.com, €−€€*

STRÄNDE

Schönster Strand: *Cane Garden Bay* [118 B4], mit vielen kleinen Hotels und Beachbars. Gut zum Surfen: *Apple Bay* [118 B5]; zum Schnorcheln: *Smugglers Cove* [118 B5].

Insider Tipp

AM ABEND

Bomba's Surfside Shack [118 B5]

Zu jeder Vollmondnacht tobt hier eine heftige Beachparty. Einige Gäste feiern auch am nächsten Morgen weiter. Nichts für »gesetztere Herrschaften«. *Capoon's Bay/ Apple Bay, Tel. 284/495 41 48*

VIRGIN GORDA

BVI Tourist Board Office [118 C4]
Ferry Terminal, Road Town, P. O. Box 134, Tel. 284/494 31 34, Fax 494 38 66, www.bviwelcome.com

VIRGIN GORDA

[119 D–E4] Die Insel (2500 Ew.) liegt östlich von Tortola und ist ca. 20 km² groß. Landschaftlich ist sie eher trocken-tropisch, dafür hat sie mit *The Baths* eine besondere geologische Attraktion zu bieten. Außerdem finden sich hier einige exklusive Resorts, und das Wort Entspannung wird noch größer geschrieben als auf den anderen Inseln.

SEHENSWERTES

The Baths [119 D4]
★ Eine Reihe von großen Felsbrocken bilden kleine Bassins, Höhlen und offene oder überdeckte Kanäle – interessante Stellen, ideal zum Schwimmen und Schnorcheln. *Südwestlich von Spanish Town*

Spanish Town [119 D4]
Das verschlafene Hauptstädtchen hat einen schönen Yachthafen mit Einkaufsarkaden, Pub und Supermarkt.

ESSEN & TRINKEN

The Flying Iguana [119 D4]
Köstliche internationale Spezialitäten. Freitags karibische Nacht mit Barbecue und Fisch. *Tgl., Am Flughafen, Tel. 284/495 52 77*, €€

Insider Tipp Giorgio's Table [119 E4]
☙ Gute italienische Küche und zauberhafter Blick auf andere Virgin Islands und Savannah Bay. Romantisch zum Dinner. *Tgl., Mahoe Bay, Tel. 284/495 56 84*, €€ – €€€

ÜBERNACHTEN

Bitter End Yacht Club [119 E4]
★ Seglerhotel mit ausgezeichneten Wassersportmöglichkeiten. Man wohnt in einem der am Hügel gelegenen Chalets mit Blick über North Sound. *100 Zi., North Sound, Tel. 284/494 27 45, Fax 494 47 56, www.beyc.com*, €€€

Fischer's Cove Beach Hotel [119 D4]
☙ Freundliches, von der Familie Flax geführtes Haus am Strand. Die Gästehäuser liegen in einem gepflegten tropischen Garten. Wunderbares karibisches Essen auf der Veranda mit Blick auf Tortola und die Nachbarinseln. *12 Zi., The Valley, Tel. 284/495 52 52, Fax 495 58 20, www.fischerscove.com*, €€ – €€€

Leverick Bay Resort [119 E4]
Hier geht es leger und relaxed zu. Dem Hotel angeschlossen sind eine Marina, ein Restaurant, eine Snackterrasse und ein Spa. *16 Zi., Tel. 284/495 74 21, Fax 495 73 67, leverick@caribsurf.com*, €€

STRÄNDE

Ideal zum Baden und Faulenzen: *Long Bay* [119 D4], *Spring Bay* [119 D4] und *Savannah Bay* [119 E4].

AM ABEND

The Bath und Turtle [119 E4]
Virgin Gordas Pub. Mi und So Livemusik und Tanz. *Virgin Gorda Yacht Harbour, Tel. 284/495 52 39*

Bilderbuchstrand bei Spanish Town auf Virgin Gorda

The Mine Shaft Café & Pub [119 D4]

Insider Tipp

☼ Zum Sonnenuntergang am Cocktail nippen und den einzigartigen Blick auf die Virgin Islands genießen. *Coppermine Road, Tel. 284/495 52 60*

AUSKUNFT

Virgin Gorda Tourist Board [119 E4]

Spanish Town, Tel. 284/495 51 81, Fax 494 38 66

INSELN IN DER UMGEBUNG

Anegada [119 E–F 1–2]

Anegada liegt nur knapp 10 m über dem Meer. Hier betreibt die Soares-Familie das kleine Gästehaus und Restaurant *Neptune's Treasure. 4 Zi., Tel. 284/495 94 39,* €

Insider Tipp

Jost van Dyke [118 A–B4]

Der Name erinnert an einen holländischen Piraten. Auf der autofreien Insel nordwestlich von Tortola – Hauptort ist Great Harbour – gibt es eine Reihe von Restaurants und Beach Bars, die bei Seglern populär sind: Versuchen Sie es mal mit der *Soggy Dollar Bar, White Bay,* und probieren Sie einen *Painkiller!*

Insider Tipp

Necker Island [119 E3]

Das Luxusinselchen nordöstlich von Tortola können Gruppen ab 10 Personen mieten (Hochsaison bis zu US $ 8250/Tag). *www.neckeris land.com*

Norman Island [118 C6]

Das unbewohnte Trauminselchen mit schönen Stränden ist ein Paradies für Schnorchelfans.

Peter Island [118 C5]

Privatinsel mit schönen Stränden und einem großen, exklusiven Hotelkomplex. *Peter Island Hotel and Yacht Club, 52s Zi., 2 Bungalows, P. O. Box 211, Tel. 284/495 20 00, Fax 495 25 00,* €€€

Schatzinseln und Schwefelschwaden

Die Touren sind in der Karte auf dem hinteren Umschlag und im Reiseatlas ab Seite 118 grün markiert

1 SAIL THE BRITISH VIRGIN ISLANDS

Um auf diesem fünftägigen Törn die vielen Ankerplätze auf den British Virgins richtig kennen zu lernen, ist es sinnvoll, Tortola im Uhrzeigersinn zu umsegeln. Die vorgelagerten Inseln können so der Reihe nach angesteuert werden. Außerdem haben Sie auf diese Weise den Wind im Rücken und vermeiden Meerengen.

Durch den Sir Francis Drake Channel, dessen Wassertiefe zwischen 10 und 50 m variiert, geht es nach Süden. Erster Ankerplatz ist das 7 Meilen entfernte *Norman Island (S. 87)*. Angeblich hat sich Robert Louis Stevenson von dieser Insel zu seinem Roman »Schatzinsel« inspirieren lassen. Tatsächlich haben in früheren Jahrhunderten Piraten wie Blackbeard und Captain Avery ihr Unwesen auf den Inseln getrieben. Schnorchelnd oder per Dinghi lassen sich die Höhlen südöstlich von *Treasure Point* und den

Am Strand von The Baths auf Virgin Gorda bilden Felsbrocken natürliche Badewannen

Riffen wunderbar erkunden. Ganze Schwärme kleiner Korallenfische wie Yellowtails und Sergeant Majors schwirren unter den Booten herum, um aus den essbaren Abfällen der Segler eine Mahlzeit zu erhaschen. Nur einen Katzensprung entfernt ragen die Felsen *The Indians* aus dem Wasser, mit ihren Korallenformationen und ihrer Fischvielfalt einer der beliebtesten Schnorchelplätze der Virgin Islands.

Weiter geht es nach *Soper's Hole*, Tortolas West End. (1,5 Std. Fahrt, Einsteuerung zwischen *Little Thatch Island* und *Frenchman's Cay*). Hier gibt es verschiedene Läden und Pusser's Landing, einen Ableger der Pusser's Restaurant- bzw. Ladenkette. Nach etwa einer weiteren Segelstunde erreicht man *Great Harbour* auf *Jost Van Dyke (S. 87)*. An der verschlafenen Bay liegen kleine Boutiquen, Strandrestaurants, eine kleine Bäckerei und das *Foxy's*: Der charismatische Calypso-Barde widmet Ihnen vielleicht ein musikalisch untermaltes, freundlich-satirisches Gedicht, wenn Sie sich in seine Bar setzen. Nächstes Ziel auf Jost Van Dyke (140 Ew.) ist *White Bay*, nur per Dinghi oder schwimmend zu erreichen. Hier kann man sich im *Sandcastle Hotel* in einer unter Palmen sanft schwingenden Hängematte von der Spezialität des Hauses, dem »Painkiller«, erholen. Weiter geht's mit eingeholten Segeln wieder nach *Tortola* zur spektakulären **Cane Garden Bay**.

Insider Tipp

Dieser palmengesäumte, lebhafte Sandstrand bietet Beachbars, Restaurants und verschiedene Wassersportarten. Außerdem können Sie die 300 Jahre alte *Callwood Rum Distillery* besichtigen, die immer noch Rum produziert. Entlang der grünen Nordküste segeln Sie Richtung *Guana Island, Monkey Point* (guter Schnorchelstopp mit Riff). Der Trip dahin dauert 2 bis 3 Stunden. Langsam sollten Sie an einen sicheren Übernachtungshafen denken: *Marina Cay* bietet sich mit seinem Pusser's Restaurant dazu an.

Am nächsten Tag geht es weiter, vorbei an *Great Camanoe* und den *Dogs* (guter Schnorchelstopp) und an *Leverick Bay Resort* nach *North Sound, Virgin Gorda*. Mindestens zwei weitere Nächte sollte man im beliebten Seglertreff *The Bitter End Yacht Club (S.86)* verbringen. Hier gibt es montags, dienstags und donnerstags Livemusik, außerdem gute Einkaufsmöglichkeiten und einen Pub, in dem Segler bis zum frühen Morgen ihr Garn spinnen können. Wer morgens genug Energie hat, sollte die phantastischen Wassersportangebote des Bitter End nutzen: *Scuba Diving*, Tagestrip nach *Anegada (S. 87)*, der nördlich gelegenen Nachbarinsel, die wegen ihrer vielen vorgelagerten Riffe sonst nur mit Skipper besegelt werden darf, Windsurfen und anderes mehr. Oder Sie sonnen sich am Strand unter Palmen und machen mittags vielleicht einen kleinen Ab-

stecher über den Sound nach *Prickly Pear Island*. In der kleinen Beachbar *Sandbox* kann man sich das Mittagessen (Burger, Salate, Sandwiches) mit einem Volleyballspiel am Strand abtrainieren. Zurück zum Bitter End und fürs Abendessen vielleicht ein Moonlightdinner im benachbarten *Biras Creek-Resort*. Ein schmaler Pfad führt Sie durch tropische Vegetation dorthin. Für den Rückweg Taschenlampe mitnehmen oder Boottrip arrangieren.

Am nächsten Morgen kann man sich im *Bitter End* mit Wasser, Eis und Benzin versorgen. Downwind geht es dann um Virgin Gorda herum, vorbei an ihrer verschlafenen Hauptstadt *Spanish Town (S. 86)* mit einigen Geschäften und Pub in der Marina, Richtung Südwesten zu den berühmten *Baths (S. 86, Dauer ca. 2,5 Std.)* Die riesigen Granitfelsen mit ihren Höhlen und Pools kann man wunderbar zu Fuß und schnorchelnd erkunden.

Etwa eine Stunde Fahrt führt zum nahe gelegenen *Cooper Island* mit Restaurant und Bar direkt am Palmenstrand. Hier bietet es sich an, über Nacht zu ankern. Morgens geht es weiter, vorbei an *Salt Island* und *Dead Chest* (»des toten Mannes Kiste«), nach *Peter Island, Deadman's Bay (S. 87)*. Hier erwarten Sie ein schöner Strand und das lässige Beachrestaurant des eleganten *Peter Island Resorts*. Das Resort ist über einen Fußpfad zu erreichen (interessante Hotelboutique!). Hier können Sie über Nacht ankern. Vorsicht bei der Einfahrt in den Hafen wegen des ausgedehnten Riffs östlich von Sprat Bay.

Am nächsten Morgen sollten Sie frühzeitig nach *Road Town*, Tortola, aufbrechen *(S. 84)*. Auf Tortola nähert sich der Segeltörn wahrscheinlich seinem Ende. Der Flughafen *Beef Island* ist etwa eine halbe Stunde Taxifahrt von Road Town entfernt.

Charterfirmen: *The Moorings, Wickhams Cay II, Tortola, Tel. 284/ 494 23 32; BVI Yacht Charters, Inner Harbour Marina, Tel. 284/ 494 42 89, Fax 494 65 52*

2 TAGESTOUREN ZUM BOILING LAKE, DOMINICA

Die 7- bis 8-stündige Tour ist anstrengend – eine Herausforderung, die nur annehmen kann, wer in guter körperlicher Verfassung und geübter Bergwanderer ist. Festes Schuhwerk ist ein Muss.

Die Tour beginnt in Laudat, einem Dorf am Fuße des Morne Nichols. Von hier aus sollten Sie sich einen erfahrenen Führer nehmen (jedes Hotel kann *guides* empfehlen und auch Touren arrangieren, sie kosten ca. 80 – 100 EC $). Zunächst geht es, begleitet vom Ruf des Mountain Whistlers, eine halbe Stunde sanft bergan durch Koniferenwälder bis zum *Breakfast River*, so genannt, weil viele Wanderer hier die erste kleine Rast einlegen, um sich zu erfrischen. Hinter dem Fluss beginnen die Hänge des *Morne Nichols*. Der Weg wird jetzt steiler und rutschig, führt an Wasserfällen und Schluchten vorbei. Tief hängende Wolken versperren teilweise die Sicht, sodass Sie die Bäume nur als graue Schatten ringsum wahrnehmen. Langsam kommen Sie in die höher gelegenen *Elfin Woodlands*. Die Äste der Zwergfichten sind vom Wind bizarr verformt und mit Moosen und Flechten überwachsen.

Nun folgt der schwierigste Teil der Wanderung, der »Kletterpart«. Durch das *Valley of Desolation*, das

Schwefeldämpfe durchziehen das Valley of Desolation auf Dominica

Tal der Verwüstung, geht es über einen Ziegentrail auf nassen, glitschigen Felsen abwärts (am besten lässt man sich auf dem Hosenboden herunterrutschen, sauber bleibt man bei diesem Ausflug sowieso nicht!). Früher war das Tal grün und bewaldet. Jetzt ziehen Schwefelschwaden über die leblos wirkende Landschaft. Je weiter Sie hinunterklettern, desto deutlicher tritt das Tal vor Ihnen in Erscheinung. Heiße Quellen spritzen gelb, schwarz, silbern und orange aus ihren Pools. Im Hintergrund hören Sie das Blubbern der kochenden Schlammlöcher. Jeder Schritt muss jetzt gut überlegt sein, deshalb ist es ratsam, dem Führer genau zu folgen.

In eineinhalb Stunden erklimmen Sie den gegenüberliegenden Hang und haben jetzt das Ziel vor Augen: den *Boiling Lake,* den »kochenden See«. Die Seiten des Kraters fallen 20 bis 30 m steil zum Wasser hin ab. Die Oberfläche des Sees ist die meiste Zeit von milchigem Wasserdampf verhüllt, da die hohe Temperatur im Krater das Wasser fast bis zum Siedepunkt erhitzt. Merkwürdigerweise gibt es in dieser Einöde noch Leben. Eidechsen, Fliegen und Ameisen scheinen die tödlichen Dämpfe nichts auszumachen. Warten Sie notfalls eine Weile darauf, dass der Wind die Nebelschwaden wegschiebt, sodass Sie die sprudelnde Seeoberfläche sehen können. Ruhen Sie sich hier am Hang des Berges gebührend aus, bevor Sie den anstrengenden Weg zurück antreten.

Immerhin geht es, haben Sie einmal den Kletterpfad hinter sich, bergab schneller. In etwa 2 Stunden haben Sie wieder den *Breakfast River* erreicht. Hier kann man sich mit einer Katzenwäsche vom gröbsten Schlamm und Morast befreien und, wirklich erschöpft, den kurzen Weg nach Laudat antreten, wo in *Roxy's Bar* ein kaltes Bier wartet. Wer so müde ist, dass er seinen Tag bald beenden möchte, kann hier auch übernachten *(Roxy's Mountain Lodge, Laudat, Tel./Fax 767/448 48 45, €).*

3 AUTOTOUR RUND UM ST. KITTS

 Die zwei- bis dreistündige Fahrt beginnt in Basseterre, St. Kitts' Hauptstadt. Avis Car Rental (South Independence Square, Tel. 869/465 65 07) vermietet gute Suzuki-Jeeps zu angemessenen Preisen. Am besten, Sie fahren am frühen Nachmittag los, sodass Sie später im Westen den Sonnenuntergang sehen können.

Nach Osten geht es aus der Stadt hinaus Richtung Flughafen. Von hier aus sieht man schon die grünen Hügel des Berges Mt. Liamuiga. Vorbei an *Conaree Village* geht es auf der Küstenstraße nach *Cayon.* Links und rechts säumen Zuckerrohrfelder die Straße. Hinter Cayon geht es links zu *Ottleys Plantation,* einem alten Plantagenhaus, das heute ein luxuriöses Hotel ist. Zurück auf der Küstenstraße geht es weiter an der Atlantikküste entlang mit Blick auf St. Barts Richtung *Tabernacle,* einem kleinen Ort links der Hauptstraße, mit typisch karibischen Holzhäuschen. Über *Black Rocks* und *Sandy Bay* erreichen Sie *Dieppe Bay Town.* Hier lohnt sich der Abstecher zum *Hotel Golden Lemon (S. 70),* einem alten Herrenhaus direkt am Strand. Vielleicht legen Sie hier eine Lunchpause auf der Terrasse ein. Hinter Dieppe Town Bay führt ein kleiner, ausgeschilderter Pfad durch Zuckerrohrfelder hinauf in die Berge. Am Fuß des Mt. Liamuiga liegt das alte Zuckerrohr Estate *Rawlins Plantation (S. 71)*, das jetzt das schönste Hotel der Insel ist. Die wunderbare Ruhe und der weite Blick über die grünen Felder aufs Meer mögen einen auch hier etwas verweilen lassen, bevor es weitergeht, um den Nordbogen der Insel herum, Richtung *Sandy Point,* der zweitgrößten Stadt von St. Kitts.

Ein paar Kilometer hinter Sandy Point geht es nach links durch dichten Wald hinauf in die Berge nach *Brimstone Hill (S. 69),* einem beeindruckenden Fort aus dem 17. Jh. Von hier aus hat man einen unglaublichen Blick auf die Nachbarinseln Anguilla, Montserrat, Saba, Sint Eustatius, St. Barts und St. Martin. Zurück auf der Küstenstraße Old Road geht es nach Süden Richtung *Basseterre (S. 69).*

Bei *Old Road Town* folgen Sie einem Hinweisschild nach links und fahren die Hügel des Mt. Liamuiga hinan bis zu den Ruinen von *Romney Manor*. Das alte Gutshaus einer ehemaligen Zuckerplantage steht mit Nebengebäuden in einem ausgedehnten Garten mit Palmen und Orchideen. Im Haupthaus ist jetzt *Caribelle Batik* untergebracht, ein Batikshop, in dem nach traditionellen Techniken gearbeitet wird. Zurück geht es wieder über die Küstenstraße Old Road.

Auf Höhe *Ottley's Level* zeigt ein Schild nach links zum Plantagenhaus *Fairview Inn (S. 70).* Wieder fahren Sie etwas den Hügel hinan bis zum Parkplatz des schön renovierten Hotels. Hier auf der Veranda zu sitzen, den Sonnenuntergang zu betrachten und einen Sundowner zu genießen lässt einen schönen Nachmittag perfekt ausklingen.

Insider Tipp

Blick auf die Südwestküste von St. Kitts von der Festung Brimstone Hill

Tauchen, segeln, wandern

Ob 10 m unter oder 1000 m über dem Meerespiegel – jeder Sportfan kommt in der Karibik auf seine Kosten

Sonne, Meer und Strand sind die besten Garanten für Spaß am Wassersport jeglicher Art. Die ständige Nordostbrise macht jeden Segler oder Windsurfer glücklich, die den Inseln vorgelagerten Korallenriffe erfreuen Schnorchler und Taucher, die Fischbestände im tieferen Ozean begeistern Hochseefischer. Die entsprechende Infrastruktur ist vielfältig und gut. Jedes Hotel bietet eine Palette von Wassersportmöglichkeiten an, selbst dann, wenn es nicht direkt am Wasser liegt. Unzählige Yachtcharterfirmen haben sich im Laufe der Jahre etabliert, Diveshops verleihen Schnorchelausrüstung und Sauerstofftanks, damit kein Gast seine Koffer unnötig schwer bepacken muss. Natürlich lässt es sich bei dem schönen Wetter auch wunderbar Golf spielen. Viele der Luxusresorts haben sich neben Tennisplätzen einen eigenen Golfplatz angelegt. Die Inseln vulkanischen Ursprungs bieten mit ihren tropischen Regenwäldern die idealen Voraussetzungen für Wanderungen und Erkundungs- oder Klettertouren.

Segelerlebnis vom Feinsten – mit geblähten Segeln auf Kurs

FAHRRAD FAHREN

Die Karibik per Fahrrad zu erkunden ist in den letzten Jahren beliebt geworden. Fast überall kann man Räder leihen. Viele Inseln der Kleinen Antillen haben Berge, deren Gipfel über 1000 m hoch über dem Meeresspiegel aufragen. Auf ihren Serpentinen durch den Regenwald zu strampeln ist eine richtige Herausforderung! Hinweise und Landkarten gibt es bei den entsprechenden Touristenbüros.

GOLF

Golf spielen ist bekanntlich ein ambitionierter Spaziergang, und der ist auf den Golfplätzen der Karibik, die eher als »Golfgärten« zu bezeichnen sind, besonders erquicklich. Auch hier helfen die Sonne, die Schönheit der Landschaft und die beständige Nordostbrise, den Abschlag ohne viel Schweiß zu überstehen. Auf manchen Golfplätzen werden Leguane zu Hindernissen, denn sie verwechseln die Golfbälle gern mit verspeisbaren Insekten. Aber im Normalfall geht es eher gemütlich zu. Die besten Golfplätze sind:

Antigua: Cedar Valley Golf Club, Friar's Hill, Tel. 268/462 01 61 (18 Löcher)

Barbados: Golf Club, Tel. 246/428 84 63 (2 Plätze, 18 Löcher)

Grenada: Grenada Golf and Country Club, Woodlands, Tel. 473/444 41 28 (18 Löcher)

Guadeloupe: Saint-François Golf Club, Tel. 590/88 41 87 (18 Löcher)

Martinique: Golf Country Club de la Martinique, Trois-Îlets, Tel. 596/68 32 81 (18 Löcher)

Nevis: Four Seasons Resort, Pinney's Beach, Tel. 869/469 11 11 (18 Löcher)

St. Kitts: Royal St. Kitts Golf Club, Frigate Bay, Tel. 869/465 83 39 (Meisterschaftsplatz, 18 Löcher)

St. Lucia: St. Lucia Golf and Country Club, Cap Estate, Tel. 788/450 85 22 (18 Löcher)

HOCHSEEANGELN

Viele Hotels und Charterfirmen bieten Angeltouren für Hobbyfischer in Hochseegewässer an. Gefischt werden u. a. Thunfisch, Dorade, Makrele, Schwertfisch, Merlin und Hai. Leider muss man sich mit dem sportlichen Triumph des Fangs zufrieden geben: Die Fische selbst bleiben meist Eigentum des Bootsführers bzw. des Hotels. Auf fast allen Inseln gibt es jährlich stattfindende *Sportfishing Tournaments* (Angelwettbewerbe). Hinweise erteilen die entsprechenden Tourist Boards.

Antigua: Overdraft, Falmouth Harbour, Tel. 268/464 49 54

Barbados: Game Fishing Association, Tel. 246/428 66 68

Dominica: Game Fishing Dominica, Castaway Beach Hotel, Tel. 767/449 66 38

Grenada: Evans Chartering Services, Tel. 473/444 44 22, bevans@caribsurf.com

Saba: Saba Deep, Tel. 599/416 33 47, sabadeep@unspoiledqueen.com

US Virgin Islands: St. Thomas Fish Hawk, Marina, Tel. 340/775 90 58

SEGELN & WINDSURFEN

★ Auf allen Inseln gibt es mehrere Charterfirmen, die Tagesausflüge per Boot, Segelkurse und Segelboote mit oder ohne Skipper anbieten. Die Passatwinde der Karibik lassen garantiert keine Flaute aufkommen, und die flachen Gewässer um die Inseln herum machen eine *navigation by eyeball*, eine Navigation »über den Daumen« gepeilt, möglich. Die schönsten Segelreviere liegen vor St. Vincent und den Grenadinen. Windsurfen kann man praktisch überall in der Karibik. Fast alle Hotels leihen Surfbretter aus. Auf allen Inseln gibt es zu bestimmten Jahreszeiten Segelregatten und Surfmeisterschaften verschiedenster Art, inklusive Partys und Offshore-Vergnügen. Auskunft darüber geben die Touristenbüros auf den jeweiligen Inseln.

Anguilla: Sandy Island Enterprises, Sandy Ground, Tel. 264/772 07 87 (Segeln, Tauchen)

Antigua: Yacht Club Marina, Tel. 268/729 46 98, info@antiguascuba.com

Grenada: Moorings Club Mariner Watersports Centre, Secret Harbour, Tel. 473/444 44 39

St. Vincent: Grenadine Escape, Lara Cowan-Hadley, Villa, Tel. 784/457 40 28 (Tagesausflüge, Yachtcharter)

Insider Tipp

Abtauchen in die exotische Unterwasserwelt

TAUCHEN & SCHNORCHELN

Die Inseln mit ihren lebenden Korallenriffen, ihren klaren Gewässern, vielfältigen Fischbeständen und ungewöhnlichen Muschelarten sind ein Paradies für alle, die sich gerne unter Wasser bewegen. Ob Anfänger oder Profi: Für Taucher und Schnorchler wird hier vom Anfängerkurs bis zum Wracktauchen alles geboten. Gute Adressen:

Antigua: Big John's Dive Antigua, Tel. 268/462 34 83, www.dive antigua.com

Barbados: Ocean Adventures Inc., Tel. 246/438 20 88

British Virgin Isl.: Underwater Safaris, Road Town, Moorings Dock, Tel. 284/494 32 35

Dominica: Dive Dominica, Castle Comfort, Tel. 767/448 21 88

St. Lucia: The Moorings, Marigot Bay, Tel. 758/451 43 57

St. Vincent: Dive St. Vincent, Tel. 784/457 47 14

WANDERN & TREKKING

Die Vulkaninseln mit ihren tropischen Regenwäldern und ihren moderaten Klimaverhältnissen machen Wandern und Trekking zu einem Erlebnis der besonderen Art, mit atemberaubenden Blicken auf Meer und Nachbarinseln. Nach teilweise steilen Aufstiegen lockt auf manchen Inseln das Bad im Pool eines Wasserfalls. Das Ziel ist oftmals der Krater eines Vulkans, der, noch aktiv, Schwefelschwaden und heiße Quellen hervorbringt. Zahlreiche Unternehmen haben sich auf geführte Touren spezialisiert.

Dominica: Dominica Tours, Anchorage Hotel, Tel. 767/448 26 38 **Insider Tipp**

Guadeloupe: Organisation des Guides de Montagne, Maison Forestière, Matouba, Tel. 590/80 05 79

St. Kitts: Kriss Tours, Tel. 869/465 40 42

St. Lucia: St. Lucia National Trust, Tel. 758/452 50 05

Planschen pur

Grenzenloses Wasservergnügen mit Sonnengarantie

Alle Kinder lieben den Strand und das Meer! Schwer vorstellbar also, dass sie sich in der Karibik nicht wohl fühlen könnten. Kinder sind auf den Inseln willkommen, und viele Hotels und Resorts haben in den letzten Jahren Extra-Kinderprogramme, so genannte *kids klubs,* entwickelt, die für die Kleinen bestmögliche (und vor allem betreute) Unterhaltung bieten. Im Übrigen wird auf allen Inseln zur Festivalzeit ein *Kids Carnival* gefeiert, bei dem Kinderkostüme hergestellt werden und es extra Kinderfestivitäten gibt (Hinweise dazu geben die Touristenbüros).

BARBADOS

Rum Factory and Heritage Park auf Barbados [137 E5]

Barbados' erste Zuckerfabrik wurde im 20. Jh. gebaut, die Plantage ist schon 350 Jahre alt. Hier kann man den Prozess der Zuckerraffinade und der Rumherstellung verfolgen. Außerdem Kunsthandwerksmarkt, Heimatmuseum, Streichelzoo, Ponyreiten und eine Kunstgalerie. *Foursquare Plantation, St. Philip, Tel. 246/420 19 77, Mo–Fr 9–17, Sa 13–18, So 11–17 Uhr; Eintritt 6 US$, Kinder 3 US$*

Ehrlich, ich bin schon sechs! Jungs in Point-à-Pitre auf Guadeloupe

WINDWARD ISLANDS

Whalewatching vor Dominica [130]

Es ist zu 90 Prozent wahrscheinlich, auf einer geführten Tour Buckelwale, Orkas, Zwergwale oder Delphine zu sehen. Die meisten Spezies sieht man von November bis Februar, wenn die Wale in den Gewässern vor der Insel ihre Kälber zur Welt bringen. Bester Touranbieter: *The Anchorage Dive & Whale Watch Center, ca. 40–50 US$ pro Person, Anchorage Hotel, Castle Comfort, Tel. 767/448 26 38*

Pigeon Island vor St. Lucia [131 E1]

Die mit St. Lucia durch einen Damm verbundene Insel war Schauplatz der Geschichte: Hier wurden Überreste indianischer Ureinwohner gefunden, der Pirat Jambe de Bois (Holzbein) fand Unterschlupf in einer Höhle, von hier aus setzte Admiral Rodney 1782 Segel, um gegen die Franzosen zu kämpfen. Ruinen und Festungen belegen die unruhige Vergangenheit. Die beiden Strände laden zum Bad, es gibt ein Restaurant und Picknickplätze. Das Museum in der Offiziersmesse informiert über die historische Geschehnisse. *Museum Mo–Sa 9–17 Uhr; Pigeon Island, St. Lucia National Trust, Tel. 758/452 50 05, Eintritt 5 US$*

Angesagt!

**Was Sie wissen sollten über Trends,
die Szene und Kuriositäten in der Karibik**

Weekend-Barbecue

Auf allen Inseln wird am Wochenende an der Straße auf einem halbierten Ölfass, auf das ein Rost gelegt wurde, gegrillt. Fisch, Spareribs oder mit Honig glasierte Hähnchen verwandeln dann die ländlichen Orte mit ihrem betörenden Duft in mobile Garküchen. Hier trifft man sich zu einem *chat*, einem Rum oder Bier, oder bummelt die Straße hinunter, um zu hören, ob es beim nächsten Grill vielleicht andere Neuigkeiten gibt.

Domino

In praktisch jedem Rumshop wird Domino gespielt. Zu viert – die sich gegenüber Sitzenden spielen zusammen – knallt man der Reihe nach die Steine auf den Tisch und spielt unter lautstarken Kommentaren um Getränke oder Geld. Viele Bars haben ihre eigene Mannschaft, die gelegentlich gegen Teams anderer Shops antritt. Dann herrscht bei Spielern wie Zuschauern ungewohnte Stille und Konzentration in der Bar.

Cricket

Nationalsport der englischen Inseln ist und bleibt Cricket! Barbados, die Windward- und Leeward Islands stellen Teams, die international beachtliche Erfolge erzielen. Am Wochenende, wenn die Sonne nachmittags nicht mehr so heiß scheint, finden sich die Einheimischen mit Kind und Kegel auf dem *local cricketground* ein, um Snacks zu verspeisen und ihre Spieler anzufeuern. Die Atmosphäre ist entspannt, und es macht nichts, wenn man die Spielregeln nicht versteht, man kommt und geht sowieso, wandert herum, schwatzt oder sitzt unter einem Baum im Schatten ...

Musik

Karibische Rhythmen wie Calypso, Reggae, Ragga, Soca, Zouk oder Biguine haben die Welt erobert. Die angesagten Reggaesänger kommen meist aus Jamaika. Zu den berühmtesten gehören Buju Banton, Beenie Man und Sanchez. Auch der Calypso aus Trinidad ist auf den Kleinen Antillen von zentraler Bedeutung. Calypsosänger sind Komödianten, die ihre Songs mit viel Gestik und sprachlicher Komik vortragen. Inhaltlich geht's meist um brisante Themen der Politik, die respektlos und witzig kommentiert werden. Zu den wichtigsten Calypsonians gehören The Mighty Sparrow, Lord Kitchener und King Obstinate.

Von Anreise bis Zoll

Hier finden Sie kurz gefasst die wichtigsten Adressen und Informationen für Ihre Karibik-Reise

ANREISE

Flugzeug

Air France, British Airways, BWIA und KLM fliegen direkt oder mit einem Zwischenstopp auf die Kleinen Antillen. Air France fliegt Guadeloupe, Martinique und St-Martin an, British Airways Antigua, Barbados, Grenada und St. Lucia und KLM Sint Maarten. US-Fluggesellschaften bieten Linienflüge von verschiedenen deutschen Städten aus mit Zwischenstopp in den Staaten nach Antigua, Barbados, St. Lucia und St. Thomas an. Wenn Sie die nördlichen Kleinen Antillen bereisen wollen, können Sie auch mit American Airlines, British Airways oder Air France nach Puerto Rico und von da aus mit American Eagle oder Liat weiterfliegen.

Preisbeispiele: Ein Flug von Deutschland nach Guadeloupe mit Air France kostet in der Nebensaison ab ca. 630 Euro, in der Hochsaison über Weihnachten/Neujahr oft über 1000 Euro. Ein Flug mit British Airways nach Antigua ist in der Nebensaison um die 700 Euro zu haben, über Weihnachten/Neujahr ab 940 Euro. Erkundigen Sie sich auch nach Charterflügen (Condor, LTU). Weiterflug auf eine der kleineren Inseln mit LIAT oder BWIA (diese Flüge lassen sich schon in Europa buchen). Denken Sie daran, Ihren Rückflug 72 Stunden vorher bestätigen zu lassen. Flugzeit (je nach Dauer des Zwischenstopps): 9–14 Stunden.

Schiff

Wer die nötige Zeit hat, kann als Passagier eines Frachtschiffs in die Karibik reisen. Mit der deutschen Reederei Horn-Linie kann man auf einem Kühlschiff von Hamburg aus eine fünfwöchige Rundreise für etwa 2700 Euro pro Person unternehmen. Man kann aber auch nur eine einfache Passage buchen und dann auf einer der Karibischen Inseln von Bord gehen. Die Einzelstrecke kostet ca. 1630 Euro. *Horn-Linie, Süderstr. 79 A, 20097 Hamburg, Tel. 040/23 67 71 13, Fax 23 67 72 65, passage@hornlinie. com*

AUSKUNFT

Die Touristenbüros der jeweiligen Inseln sind in den entsprechenden Kapiteln angegeben. Leider ändern sich die Adressen der Touristenbüros in Deutschland häufig.

Anguilla Board of Tourism

Im Güldenen Wingert 8c, 64342 Seeheim, Tel. 06257/96 29 20, Fax 96 29 19

Antigua and Barbuda Department of Tourism

Thomasstr. 11, 61348 Bad Homburg, Tel. 06172/215 04, Fax 215 13, wwwkaribik.de/antigua-barbuda

Barbados Tourism Authority

c/o The Mangum Group, Sonnenstr. 9, 80331 München, Tel. 089/23 66 21 70, Fax 23 66 21 99, germany@barbados.org

British Virgin Islands Tourist Office

Schwarzbachstr. 32, 40822 Mettmann, Tel. 02104/28 66 71, Fax 91 26 73, bvi@travelmarketing.de

Dutch Caribbean Travel Center

Karlstr. 34, 64288 Darmstadt, Tel. 06151/428 71 13, Fax 85 15 04, travel@dutch-caribbean.de

Französische Antillen

Bethmannstr. 58, 70072 Stuttgart, Tel. 0711/505 35 11, Fax 202 35 12, fva.guadeloupe@t-online.de

Grenada Board of Tourism

Schenkendorfstr. 1, 65187 Wiesbaden, Tel. 0611/267 67 20, Fax 267 67 60, grenada@discover.fra.com

Für alle Karibischen Inseln:

Arbeitsgemeinschaft Karibik e.V.

Friedberger Anlage 21, 60316 Frankfurt/M., Tel. 069/40 59 37 77, Fax 40 59 37 76, agk@karibik.de, www.karibik.de

BUS

Busse sind ein viel genutztes Transportmittel auf den Antillen. Haltestellen sind vor allem auf dem Land

selten gekennzeichnet. Sie müssen danach fragen. Sagen Sie dem Busfahrer, wo Sie aussteigen wollen, und halten Sie Kleingeld bereit. Die Fahrer können meist nicht wechseln. Sie zahlen an Ihrem Ziel.

DIPLOMATISCHE VERTRETUNGEN

Deutsche Botschaft

7–9 Marli Street, P. O. Box 828, Port-of-Spain, Trinidad, Tel. 001/868/628 16 30, Fax 628 52 78

Österreichische Botschaft

Av. La Estancia, Edificio Torre las Mercedes, Caracas, Venezuela, Tel. 0058/2/991 38 63, Fax 992 95 08

Schweizerische Botschaft

Av. Eug. Mendoza y San Felipe, La Castellana, Caracas, Venezuela, Tel. 0058/212/267 95 85, Fax 267 77 45

EINREISE

Europäer benötigen einen Reisepass und den Flugschein, der belegt, dass Sie nach spätestens drei Monaten das Land verlassen. Normalerweise bekommen Touristen einen Aufenthaltsstempel für einen Monat. Wer länger bleiben will, muss sich nach Ablauf des Monats einen neuen Stempel *(ca. US $ 10)* im Immigration Office abholen. Am Flughafen oder im Flieger bekommt man eine Immigration Card, die man ausgefüllt wieder abgeben muss. Die meisten Inseln verlangen beim Abflug eine *Departure Tax (ca. US $ 10)*.

FOTOGRAFIEREN

Bevor Sie einen Einheimischen oder sein Haus fotografieren, sollten Sie ihn fragen, ob es ihn stört. Zwar reagieren die Bewohner der meisten Inseln im Allgemeinen auf dieses Ansinnen nicht so aggressiv wie z. B. auf Jamaika, trotzdem ist es nicht gerade höflich, fremde Menschen ungefragt abzulichten oder zu filmen.

GELD & WÄHRUNG

Auf den meisten Inseln der Kleinen Antillen wird mit dem East Caribbean Dollar (»Ostkaribischer Dollar«, Abkürzung EC$) bezahlt, obwohl der US-Dollar (US$) auch gerne genommen wird. Ausnahme sind die Virgin Islands (US$), die französischen Inseln (Euro), die niederländischen Inseln (Antillengulden, NAf) und Barbados (Barbadosdollar, BDS$). Ein bequemes und sicheres Zahlungsmittel sind Reiseschecks, die in allen Banken und in vielen Hotels eingelöst werden. Auch Kreditkarten der großen internationalen Organisationen werden inzwischen akzeptiert. Bei einigen Banken gibt es Geldautomaten, die man mit europäischen Karten nutzen kann.

GESUNDHEIT

Sie brauchen keine Impfungen für die Kleinen Antillen. Empfehlenswert ist indes eine kombinierte Hepatitis- und eine Tetanusimpfung. Die medizinische Versorgung variiert von Insel zu Insel. Grundsätzlich wird man überall gut versorgt, im schlimmeren Fall von einer kleinen Insel aus mit dem Hubschrauber auf die nächstgrößere mit Krankenhaus befördert. Schließen Sie eine Reisekrankenversicherung ab und nehmen Sie eine gut sortierte

€	US$	US$	€
1	1,30	1	0,77
2	2,60	2	1,54
3	3,90	3	2,31
4	5,20	4	3,08
5	6,50	5	3,85
7	9,10	7	5,39
8	10,40	8	6,16
9	11,70	9	6,93
10	13,00	10	7,70

Reiseapotheke sowie Sonnencreme mit hohem Lichtschutzfaktor mit!

INSELHÜPFEN

Eine Unzahl von kleinen Fluglinien verkehrt zwischen den Inseln. Die beiden größten sind BWIA *(Tel. 800/538 29 42, www.bwee.com)* und LIAT *(Tel. 868/624 47 27, www.liatairline.com)*. Von beiden Airlines gibt es für Inselhüpfer so genannte *Air-Passes*, die innerhalb einer befristeten Zeit zu einer bestimmten Anzahl verbilligter Flüge berechtigen. Die Airpässe sollten schon im europäischen Abflugland gebucht werden.

INTERNET

Das Internet ist in der Karibik bei allen verbreitet, die internationale Geschäfte treiben, d. h. Hotels, Charterfirmen, Wassersport- und Tauchunternehmen, Touristenbüros u.s.w. sind meist vernetzt und haben oft eigene Websites. Viele größere Hotels haben so genannte *business rooms*, in denen sie Gästen PCs mit Internetanschluss gegen Gebühr zur Verfügung stellen. Von manchen Hauptpostämtern kann man E-Mails versenden.

Die interessantesten Websites: *www.caribsurf.com, www.carilat.de, www.turq.com, www.karibik.de, www.doitcaribbean.com*

MASSE

Neben den englischen Maßeinheiten wie *miles* und *pounds* werden immer öfter Kilometer und Kilo gebraucht. 1 Meile = 1,609 km.

MIETWAGEN

Sie haben überall eine gute Auswahl an Fahrzeugen. Oft werden kleine japanische Geländewagen vermietet, die Sie buchen sollten, wenn Sie abseits der Hauptstraßen fahren möchten. Tagesmieten fangen bei ca. US$ 50 an. Bei wochenweiser Anmietung lassen die Preise deutlich nach. Wer nicht mit Kreditkarte bezahlt, muss in der Regel eine Kaution hinterlegen. Außerdem braucht man fast immer einen Inselführerschein, der aber sofort ausgestellt wird. Angebote für Autovermietungen finden Sie unter *www.marcopolo.de.*

POST

Luftpost wird meist innerhalb einer Woche befördert, alles andere kann mehrere Wochen dauern. Die Postämter sind vormittags, Hauptpostämter auch nachmittags geöffnet.

REISEZEIT

Die Karibik kann das ganze Jahr über bereist werden. Der Sommer gilt als Regenzeit, und die Temperaturen liegen bei 30 Grad. Im Spätsommer und im Herbst toben die Hurrikans. Der Winter ist klimatisch am schönsten (obwohl es nachts manchmal kühl werden kann), dafür sind die Hotelpreise doppelt so hoch wie im Sommer.

SICHERHEIT

Bis auf die US-Virgin Islands gehören die Kleinen Antillen zu den sichersten Urlaubszielen überhaupt. Die meisten Einheimischen schließen weder ihre Haustür noch ihr Auto ab. Trotzdem ist es ratsam, keine Wertsachen offen im Hotel oder am Strand herumliegen zu lassen.

SPRACHE

Vermeiden Sie das US-amerikanische »Hi!«, wenn Sie Einheimische begrüßen. Auf den Inseln ist es üblich (und höflich), »Good Morning«, »Good Day«, »Good Afternoon«, »Good Evening« und (nach 19 Uhr) »Good Night« zu sagen.

STRASSENVERKEHR

Bis auf die holländischen und französischen Inseln gilt auf den Straßen Linksverkehr. Auf den Virgin Islands haben die Autos dennoch das Steuerrad auf der linken Seite. An kurvigen, schlecht überschaubaren Straßen wird meist gehupt, damit ein entgegenkommendes Fahrzeug gewarnt ist. Es empfiehlt sich, vorsichtig und langsam zu fahren. Die heftigen Regenfälle und Stürme reißen immer wieder Schlaglöcher in die Straßen, und überall können Ihnen Tiere über den Weg laufen.

STROM

Die Netzspannung schwankt auf den einzelnen Inseln und sogar von Hotel zu Hotel zwischen 110 und 220 Volt. Auch die Stecker sind auf den einzelnen Inseln unterschiedlich. Es empfiehlt sich, einen internationalen Adapter mitzunehmen.

TAXI

Es gibt auf allen Inseln genug Taxis. Den Fahrpreis sollten Sie passend bereithalten. Eine billige Alternative ist das Sammeltaxi. Es heißt im französischen Sprachraum *Public* oder *Tap Tap,* auf den englischsprachigen Inseln *Jitney*, *Cab* oder *Bus*. Bezahlen müssen Sie individuell.

TELEFON & HANDY

Das Telefonieren erfolgt über Satellit, und somit ist die Verständigung ausgezeichnet. Eine Minute nach Mitteleuropa kostet ca. US $ 3. Jede Insel verkauft ihre eigenen Telefonkarten, die an öffentlichen Fernsprechern (meist beim Postoffice)

Was kostet wie viel?

Bier	**2–3 Euro** für eine Flasche karibisches Bier
Rum	**8 Euro** für eine Flasche Mount Gay Rum
Wasser	**1,50 Euro** für ein Mineralwasser
Imbiss	**7–9 Euro** für Sandwich/Burger
Cocktail	**6–10 Euro** im Restaurant/Bar
Busfahrt	**1 Euro** für eine Busfahrkarte

benutzt werden können. Die Vorwahlen für Deutschland, Österreich und die Schweiz lauten: 01149 (D), 01143 (A), 01141 (CH). Die Vorwahl für die Antillen ist 001. Die Vorwahlen für die einzelnen Inseln sind im Band angegeben.

Mit in Europa zugelassenen Handys kann man zurzeit in der Karibik noch nicht telefonieren.

ZEIT

Auf den Kleinen Antillen gilt die *Eastern Standard Time* (Mitteleuropäische Zeit minus 5 Std. bzw. minus 6 Std. zur Sommerzeit).

ZOLL

Die Vorschriften unterscheiden sich je nach Territorium. Meist dürfen 200 Zigaretten, 50 Zigarren oder 250 g Tabak, 1 l Alkohol und Geschenke im Wert von US $ 100 mitgebracht werden. Verboten ist die Einfuhr von Fleisch, Obst, Rauschgift und Waffen. In die EU eingeführt werden dürfen Waren im Wert bis 175 Euro, 2 l Wein oder 2 l andere Alkoholika bis 22 Prozent, 50 g Parfüm, 500 g Kaffee sowie 200 Zigaretten oder 100 Zigarillos, oder 50 Zigarren oder 250 g Tabak.

TRINKGELD

Oft ist auf Gastronomierechnungen ein Bedienungszuschlag *(service charge)* bereits ausgewiesen. Andernfalls sind 10 bis 15 Prozent üblich. Auch bei den oft selbst ernannten Sightseeing-Führern sollte man nicht kleinlich sein. Bei den All-Inclusive-Resorts empfiehlt es sich, zum Schluss ein kleines Trinkgeld fürs Personal zu hinterlassen.

Wetter auf Martinique

Jan.	Feb.	März	April	Mai	Juni	Juli	Aug.	Sept.	Okt.	Nov.	Dez.
28	29	29	30	31	30	30	31	31	31	30	29

Tagestemperaturen in °C

21	21	21	22	23	23	23	23	23	23	22	22

Nachttemperaturen in °C

8	8	8	8	8	7	7	8	7	7	7	7

Sonnenschein Std./Tag

21	17	18	19	21	24	27	25	23	23	22	23

Niederschlag Tage/Monat

26	26	27	27	27	27	28	28	28	28	28	27

Wassertemperaturen in °C

Do you speak English?

»Sprichst du Englisch?«
Dieser Sprachführer hilft Ihnen, die wichtigsten
Wörter und Sätze auf Englisch zu sagen

Zur Erleichterung der Aussprache sind alle englischen Wörter mit einer einfachen Aussprache (in eckigen Klammern) versehen.
Folgende Zeichen sind Sonderzeichen:

ə	nur angedeutetes »e« wie in bitte
θ	[s] gesprochen mit der Zungenspitze zwischen den Zähnen
'	die nachfolgende Silbe wird betont. Bei einer Hauptbetonung steht das Zeichen oben vor der Silbe, bei einer Nebenbetonung unten.

AUF EINEN BLICK

Ja./Nein.	Yes. [jäs]/No. [nəu]
Vielleicht.	Perhaps. [pə'häps]/Maybe. ['mäibih]
Bitte.	Please. [plihs]
Danke.	Thank you. ['θänkju]
Vielen Dank!	Thank you very much. ['θänkju 'wäri 'matsch]
Gern geschehen.	You're welcome. [joh 'wälkəm]
Entschuldigung!	I'm sorry! [aim 'sori]
Wie bitte?	Pardon? ['pahdn]
Ich verstehe Sie/dich nicht.	I don't understand. [ai dəunt andə'ständ]
Ich spreche nur wenig …	I only speak a bit of … [ai 'əunli spihk ə'bit əw …]
Können Sie mir bitte helfen?	Can you help me, please? ['kən ju 'hälp mi plihs]
Ich möchte …	I'd like … [aid'laik]
Das gefällt mir (nicht).	I (don't) like it. [ai (dəunt) laik_it]
Haben Sie …?	Have you got …? ['häw ju got]
Wie viel kostet es?	How much is it? ['hau'matsch is it]
Wie viel Uhr ist es?	What time is it? [wot 'taim is it]

KENNENLERNEN

Guten Morgen!	Good morning! [gud 'mohning]
Guten Tag!	Good afternoon! [gud ahftə'nuhn]
Guten Abend!	Good evening! [gud 'ihwning]

Hallo! Grüß dich!	Hello! [hə'ləu]/Hi! [hai]
Mein Name ist ...	My name is ... [mai näims ...]
Wie ist Ihr/dein Name?	What's your name? [wots joh 'näim]
Wie geht es Ihnen/dir?	How are you? [hau 'ah ju]
Danke. Und Ihnen/dir?	Fine thanks. And you? ['fain θänks, ənd 'ju]
Auf Wiedersehen!	Goodbye!/Bye-bye! [gud'bai/bai'bai]
Tschüss!	See you!/Bye! [sih ju/bai]
Bis morgen!	See you tomorrow! [sih ju tə'mərəu]

UNTERWEGS

Auskunft

links/rechts	left [läft]/right [rait]
geradeaus	straight on [sträit 'on]
nah/weit	near [niə]/far [fah]
Bitte, wo ist ...?	Excuse me, where's ..., please? [iks'kjuhs 'mih 'weəs ... plihs]
Bahnhof	station ['stäischn]
Bushaltestelle	bus stop [bas stəp]
Flughafen	airport ['eəpoht]
Wie weit ist das?	How far is it? ['hau 'fahr_is_it]
Ich möchte ... mieten.	I'd like to hire ... [aid'laik tə 'haiə]
... ein Auto .../... ein Fahrrad ...	... a car. [ə 'kah]/...a bike. [ə 'baik]

Panne

Ich habe eine Panne.	My car's broken down. [mai 'kahs 'brəukn 'daun]
Würden Sie mir bitte einen Abschleppwagen schicken?	Would you send a breakdown truck, please? ['wud ju sänd ə bräikdaun trak plihs]
Gibt es hier in der Nähe eine Werkstatt?	Is there a garage nearby? ['is θeə_ə 'gärahdsch 'niərbai]

Tankstelle

Wo ist die nächste Tankstelle?	Where's the nearest petrol station? ['weəs θə 'niərist 'pätrəlstäischn]
Ich möchte ... Liter ...	... litres of ... ['lihtəs əw]
... Normalbenzin.	... three-star, ['θrihstah]
... Super.	... four-star, ['fohstah]
... Diesel.	... diesel, ['dihsl]
... bleifrei/verbleit.	... unleaded/leaded, please. [an'lädid/'lädid plihs]
Voll tanken, bitte.	Full, please. ['ful plihs]

Unfall

Hilfe!	Help! [hälp]
Achtung!	Attention! [ə'tänschn]

Vorsicht! — Look out! [ˈluk ˈaut]
Rufen Sie bitte … — Please call … [ˈplihs ˈkohl]
… einen Krankenwagen. — … an ambulance. [ən ˈämbjuləns]
… die Polizei. — … the police. [θə pəˈlihs]
Es war meine Schuld. — It was my fault. [it wəs ˈmai ˈfohlt]
Es war Ihre Schuld. — It was your fault. [it wəs ˈjoh ˈfohlt]
Geben Sie mir bitte Ihren Namen und Ihre Anschrift. — Please give me your name and address! [plihs giw mi joh ˈnäim ənd əˈdräs]

ESSEN/UNTERHALTUNG

Wo gibt es hier … — Is there … here? [ˈis θeər … ˈhiə]
… ein gutes Restaurant? — … a good restaurant …[ə ˈgud ˈrästərohng]
… ein typisches Restaurant? — … a restaurant with local specialities … [ə ˈrästərohng wiθ ˈləukl ˌspäschiˈälitis]

Gibt es hier eine gemütliche Kneipe? — Is there a nice pub here? [ˈis θeər ̮ə nais ˈpab hiə]
Reservieren Sie uns bitte für heute Abend einen Tisch für vier Personen. — Would you reserve us a table for four for this evening, please? [ˈwud ju riˈsöhw əs ə ˈtäibl fə foh fə θis ˈihwning plihs]
Die Speisekarte, bitte. — Could I have the menu, please. [ˈkud ai häw θə ˈmänjuh plihs]

Ich nehme … — I'll have … [ail häw]
Bitte ein Glas … — A glass of …, please [ə ˈglahs ̮əw … plihs]
Auf Ihr Wohl! — Cheers! [tschiəs]
Bezahlen, bitte. — Could I have the bill, please? [ˈkud ai häw θə ˈbil plihs]

Wo sind bitte die Toiletten? — Where are the restrooms, please? [ˈweərə θə ˈrestruhms plihs]

EINKAUFEN

Wo finde ich …? — Where can I find …? [ˈwe ˈkən ̮ai ˈfaind]
Apotheke — chemist's [kämists]
Bäckerei — baker's [bälkəs]
Kaufhaus — department store [diˈpahtmənt stoh]
Lebensmittelgeschäft — food store [ˈfuhd stoh]
Markt — market [ˈmahkit]

ÜBERNACHTUNG

Können Sie mir bitte … empfehlen? — Can you recommend …, please? [kən ju ˌräkəˈmänd … plihs]
… ein Hotel … — … a hotel … [ə həuˈtäl]
… eine Pension … — … a guest-house … [ə ˈgästhaus]
Ich habe bei Ihnen ein Zimmer reserviert. — I've reserved a room. [aiw riˈsöhwd ̮ə ˈruhm]

Haben Sie noch …	Have you got … [həw ju got]
… ein Einzelzimmer?	… a single room? [ə 'singl ruhm]
… ein Doppelzimmer?	… a double room? [ə 'dabl ruhm]
… mit Dusche/Bad?	… with a shower/bath? [wiθ ə 'schauə/'bahθ]
… für eine Nacht?	… for one night? [fə wan 'nait]
… für eine Woche?	… for a week? [fə ə 'wihk]
Was kostet das Zimmer mit …	How much is the room with … ['hau 'matsch is θə ruhm wiθ]
… Frühstück?	… breakfast? ['bräkfəst]
… Halbpension?	… half board? ['hahf'bohd]
… Vollpension?	… full board? ['ful'bohd]

PRAKTISCHE INFORMATIONEN

Arzt

Können Sie mir einen guten Arzt empfehlen?	Can you recommend a good doctor? [kən ju ,räkə'mänd ə gud 'doktə]
Ich habe hier Schmerzen.	I've got pain here. [aiw got päin 'hiə]

Post

Was kostet …	How much is … ['hau 'matsch is]
… ein Brief …	… a letter … [ə 'lätə]
… eine Postkarte …	… a postcard … [ə pəustkahd]
… nach Deutschland?	… to Germany? [tə 'dschöhməni]

ZAHLEN

0	zero, nought [siərəu, noht]	19	nineteen [,nain'tihn]
1	one [wan]	20	twenty ['twänti]
2	two [tuh]	21	twenty-one [,twänti'wan]
3	three [θrih]	30	thirty ['θöhti]
4	four [foh]	40	forty ['fohti]
5	five [faiw]	50	fifty ['fifti]
6	six [siks]	60	sixty ['siksti]
7	seven ['säwn]	70	seventy ['säwnti]
8	eight [äit]	80	eighty ['äiti]
9	nine [nain]	90	ninety ['nainti]
10	ten [tän]	100	a (one) hundred ['ə (wan) 'handrəd]
11	eleven [i'läwn]		
12	twelve [twälw]	1000	a (one) thousand ['ə (wan) 'θausənd]
13	thirteen [θöh'tihn]		
14	fourteen [,foh'tihn]	10000	ten thousand ['tän 'θausənd]
15	fifteen [,fif'tihn]		
16	sixteen [,siks'tihn]	1/2	a half [ə 'hahf]
17	seventeen [,säwn'tihn]	1/4	a (one) quarter ['ə (wan) 'kwohtə]
18	eighteen [,äi'tihn]		

Tu parles français?

»Sprichst du Französisch?«
Dieser Sprachführer hilft Ihnen, die wichtigsten
Wörter und Sätze auf Französisch zu sagen

Zur Erleichterung der Aussprache sind alle französischen Wörter mit einer einfachen Aussprache (in eckigen Klammern) versehen.

AUF EINEN BLICK

Ja./Nein.	Oui. [ui]/Non. [nong]
Vielleicht.	Peut-être [pöhtätr]
Bitte.	S'il vous plaît. [sil wu plä]
Danke.	Merci. [märsi]
Gern geschehen.	De rien. [dö rjäng]
Entschuldigen Sie!	Excusez-moi! [äksküseh mua]
Wie bitte?	Comment? [kommang]
Ich verstehe Sie/dich nicht.	Je ne comprends pas. [schön kongprang pa]
Ich spreche nur wenig Französisch.	Je parle un tout petit peu français. [schparl äng tu pti pöh frangsä]
Können Sie mir bitte helfen?	Vous pouvez m'aider, s.v.p.? [wu puweh mehdeh sil wu plä]
Sprechen Sie Deutsch/Englisch?	Vous parlez allemand/anglais? [wu parleh almang/anglä]
Ich möchte …	J'aimerais … [schämrä]
Das gefällt mir nicht.	Ça ne me plaît pas. [san mö plä pa]
Haben Sie …?	Vous avez …? [wus_aweh]
Wie viel kostet es?	Combien ça coûte? [kongbjäng sa kut]
Wie viel Uhr ist es?	Quelle heure est-il? [käl_ör ät_il]

KENNENLERNEN

Guten Morgen/Tag!	Bonjour! [bongschur]
Guten Abend!	Bonsoir! [bongsuar]
Hallo!/Grüß dich!	Salut! [salü]
Wie ist Ihr Name, bitte?	Comment vous appelez-vous? [kommang wus_apleh wu]
Wie heißt du?	Comment tu t'appelles? [kommang tü tapäl]

Wie geht es Ihnen/dir?	Comment allez-vous/vas-tu? [kommangt_aleh wu/wa tü]
Danke. Und Ihnen/dir?	Bien, merci. Et vous-même/toi? [bjäng märsi. eh wu mäm/tua]
Auf Wiedersehen!	Au revoir! [oh röwuar]
Tschüss!	Salut! [salü]

UNTERWEGS

Auskunft

links/rechts	à gauche [a gohsch]/à droite [a druat]
geradeaus	tout droit [tu drua]
nah/weit	près [prä]/loin [luäng]
Bitte, wo ist …?	Pardon, où se trouve …, s.v.p.? [pardong, us truw … sil wu plä]
Wie weit ist das?	C'est à combien de kilomètres d'ici? [sät_a kongbjängd kilomätrö disi]
Welches ist der kürzeste Weg nach/zu …?	Quel est le chemin le plus court pour aller à …? [käl_äl schömäng lö plü kur pur aleh a]

Panne

Ich habe eine Panne.	Je suis en panne. [schö süis_ang pan]
Würden Sie mir bitte einen Abschleppwagen schicken?	Est-ce que vous pouvez m'envoyer une dépanneuse, s.v.p.? [äs_kö wu puweh mangwuajeh ün deh panöhs sil wu plä]
Gibt es hier in der Nähe eine Werkstatt?	Est-ce qu'il y a un garage près d'ici? [äs_kil_ja äng garasch prä disi]
… ist defekt.	… est défectueux. [ä dehfäktüöh]

Tankstelle

Wo ist bitte die nächste Tankstelle?	Pardon, Mme/Mlle/M., où est la station- service la plus proche, s.v.p.? [pardong madam/madmuasäl/mösjöh u ä la stasjong särwis la plü prosch sil wu plä]
Ich möchte … Liter.	… litres, s'il vous plaît. [litrö sil wu plä]
Super.	Du super. [dü süpär]
Diesel.	Du gas-oil. [dü gasual]
bleifrei/mit … Oktan.	Du sans-plomb/… octanes. [dü sang plong/ … oktan]
Voll tanken, bitte.	Le plein, s.v.p. [lö pläng sil wu plä]

Unfall

Hilfe!	Au secours! [oh skur]
Achtung!	Attention! [atangsjong]
Vorsicht!	Attention! [atangsjong]

Rufen Sie bitte schnell … — Appelez vite … [apleh wit]
  … einen Krankenwagen. — … une ambulance. [ün_angbülangs]
  … die Polizei. — … la police. [la polis]
  … die Feuerwehr. — … les pompiers. [leh pongpjeh]
Es war meine Schuld. — C'est moi qui suis en tort.
[sä mua ki süis_ang torr]

Es war Ihre Schuld. — C'est vous qui êtes en tort.
[sä wu ki äts_ang torr]

Geben Sie mir bitte Ihren Namen und Ihre Anschrift! — Vous pouvez me donner votre nom et votre adresse?
[wu puweh mö donneh wottrö nong eh wottr_adräs]

ESSEN/UNTERHALTUNG

Wo gibt es hier … — Vous pourriez m'indiquer…
[wu purjeh mängdikeh]

  … ein gutes Restaurant? — … un bon restaurant?
[äng bong rästorang]

  … ein nicht zu teures Restaurant? — … un restaurant pas trop cher?
[äng rästorang pa troh schär]
Reservieren Sie uns bitte für heute Abend einen Tisch für vier Personen. — Je voudrais réserver une table pour ce soir, pour quatre personnes.
[schwudrä räsehrweh ün tablö pur sö suar pur kat pärsonn]

Wo sind bitte die Toiletten? — Où sont les W.-C., s.v.p.?
[u song leh wehseh sil wu plä]
Auf Ihr Wohl! — A votre santé!/A la vôtre!
[a wottr sangteh/a la wohtr]

Bezahlen, bitte. — L'addition, s.v.p. [ladisjong sil wu plä]
Hat es geschmeckt? — C'était bon? [sehtä bong]
Das Essen war ausgezeichnet. — Le repas était excellent.
[lö röpa ehtät_äksälang]

ÜBERNACHTUNG

Können Sie mir bitte ein gutes Hotel empfehlen? — Pardon, Mme/Mlle/M., vous pourriez recommander un bon hôtel?
[pardong madam/madmuasäl/mösjöh wu purjeh rökommangdehäng bonn_ohtäl]

Haben Sie noch … — Est-ce que vous avez encore …
[äs_kö wus_aweh angkorr]

  … ein Einzelzimmer? — … une chambre pour une personne?
[ün schangbr pur ün pärsonn]

  … ein Zweibettzimmer? — … une chambre pour deux personnes? [ün schangbr pur döh pärsonn]

  … mit Bad? — … avec salle de bains?

... für eine Nacht?

... für eine Woche?

Was kostet das Zimmer
mit Frühstück?

[awäk sal dö bäng]

... pour une nuit? [pur ün nüi]

... pour une semaine? [pur ün sömän]

Quel est le prix de la chambre,
petit déjeuner compris?
[käl_ä lö prid la schangbr
pti dehschöneh kongpri]

PRAKTISCHE INFORMATIONEN

Arzt

Können Sie mir einen
guten Arzt empfehlen?

Vous pourriez recommander un
bon médecin, s.v.p.?
[wu purjeh rökommangdeh äng bong
mehdsäng sil wu plä]

Ich habe Fieber.

J'ai de la fièvre. [schä dla fjäwr]

Ich habe hier Schmerzen.

J'ai mal ici. [scheh mal isi]

Post

Was kostet ...

Quel est le tarif pour affranchir ...
[käl_ä lö tarif pur afrangschir]

... eine Postkarte ...

... des cartes postales ...
[deh kart postal]

... nach Deutschland?

... pour l'Allemagne? [pur lalmanj]

ZAHLEN

0	zéro [sehroh]	20	vingt [wäng]
1	un, une [äng, ühn]	21	vingt et un, une
2	deux [döh]		[wängt_eh äng, ühn]
3	trois [trua]	22	vingt-deux [wängt döh]
4	quatre [katr]	30	trente [trangt]
5	cinq [sängk]	40	quarante [karangt]
6	six [sis]	50	cinquante [sängkangt]
7	sept [sät]	60	soixante [suasangt]
8	huit [üit]	70	soixante-dix [suasangt dis]
9	neuf [nöf]	80	quatre-vingt [katrö wäng]
10	dix [dis]	90	quatre-vingt-dix
11	onze [ongs]		[katrö wäng dis]
12	douze [dus]	100	cent [sang]
13	treize [träs]	200	deux cents [döh sang]
14	quatorze [kators]	1000	mille [mil]
15	quinze [kängs]	2000	deux mille [döh mil]
16	seize [säs]	10000	dix mille [di mil]
17	dix-sept [disät]		
18	dix-huit [disüit]	1/2	un demi [äng dmi]
19	dix-neuf [disnöf]	1/4	un quart [äng kar]

Reiseatlas Karibik

**Die Seiteneinteilung für den Reiseatlas finden Sie
auf dem hinteren Umschlag dieses Reiseführers**

Mit freundlicher Unterstützung von

kein urlaub ohne

**holiday
autos**

www.holidayautos.com

Autobahn / Highway		Internationaler Flughafen / International airport
Hauptstraße / Main road		Flugplatz / Airfield
Sonstige Straße / Other road		Badestrand / Bathing beach
Unbefestigter Fahrweg / Unmaid road		Tauchen / Diving
Piste / Track		Surfen / Surfing
4 Straßennummer / Road number		Kalte Quelle / Cold Spring
Schiffsverbindung / Shipping line		Heiße Quelle / Hot Spring
Autofähre / Car ferry		Hotel / Hotel
Staatsgrenze / National boundary		Museum / Museum
Provinzgrenze / Provencial boundary		Sehenswürdigkeit / Object of interest
MARIGOT Provinzhauptstadt / Capital of province		Golfplatz / Golf-course
Nationalpark, Naturpark, Naturschutzgebiet / National park, nature park, nature reserve		Wrack / Wreck
		Hafen, Ankerplatz / Harbour, mooring
Fluss / River		Leuchtturm / Lighthouse
Süßwassersee / Freshwater lake		Wasserfall / Waterfall
Salzsee / Saltwater lake		Höhle / Cave
Sumpf / Swamp		Aussichtspunkt / Panoramic view
Korallenriff / Coral reef		630 Höhenangabe in Metern / Height in metres
Mangrove / Mangrove		Objekt / Object
Ausflüge & Touren / Exursions & Tours		

Virgin Islands

3 km

ATLANTIC OCEAN

BRITISH VIRGIN ISLANDS

Guana Island

Towing
The Ho
Ba

Tortola

Little
Camar

246

Balsum Ghut

268

Great Tobago

Northern
Point 160

West End Point 147

Hollow Point

321

Little Jost
van Dyke

94

Rough Point

Angilla
Point

Great Mt.
452

Josiahs
Bay

East En

Wesley Will

Great
Harbour

Green Cay

Brewers Bay

Road
Long S

40

Little Tobago

White Bay

Jost van Dyke

Sandy Cay

Cane Garden Bay

408 379

Botanic Gardens

ROAD
TOWN

Maya C

Callwood Distillery

459

Nora Hazel

Mount Sage
National Park

Mt. Sage

Apple B. 523

Leonards

Fort
Charlotte

Kingstown

513

Belmont Point

Freshwater
Pond

Nannie Cay

Dead
Chest

1

US VIRGIN ISLANDS

Great Thatch
Island

Smugglers
Cove

West End

187

Fort
Recovery

Little Thatch I.

Frenchman's Cay

Sopers

Sir Francis

Drake C

Great
Harbour
Point

Grass
Cay

Congo
Cay

Annaberg
Ruins

The Narrows

Little
Harbour

Big Reef

Mamey Peak
350

Underwater
Trail

Rock Hole

118

Peter I

Mingo
Cay

St. Thomas

Emmaus

Coral
Bay

Rogers Pt.

Key Pt.

Little Re

117

Cruz
Bay

Calabash Boom

Pelican
Island

Sugar Mill
Ruins

Johns Folly

Flanagan
Island

Treasure
Pt.

130

Norman Island

Virgin Islands
National Park

Leduck
Island

St. John

D **E** **F**

1

West End Point
Bird
Sanctuary
Pomato Point
Salting
Point

Windkiss
Bight
Flamingo
Pond

Red Pond

Loblolly High Point

Budrock
Pond

The
Settlement

East Point

Anegada

2

3

Necker Island

Mosquito
Island
Prickly Pear Island

Seal Dogs

Eustatia Island

Pajaros Point

y Bay Bluff
George Dog

Mountain Pt.
Long Bay

North
Sound

Berchers Bay

**Great
amanoe I.**

Great Dog

West Dog

Virgin Gorda
Gorda Peak
N.P.
414

Berchers Bluff

North East
East End

Mahoe Bay
Savannah Bay

South
Sound

South Sound Bluff

4

Scrub Island
a Cay
oint

Blowing Pt.

Collison Pt.

Black Point

Taylors Bay

Virgin Gorda

Beef Island

Spanish Town
N.P.
The Baths
77
Spring Bay
Devil Bay N.P.
Fallen Jerusalem
National Park

Cooper
Mine Bay

e Bluff

Crooks Bay

Fallen Jerusalem

Round Rock

Round Rock Passage

5
art-a-
ncy Pt.

Cooper
Island
107

155
Markoe Pt.

Ginger
Island

lt
and
uff

1

C a r i b b e a n   S e a

sage

6

Virgin Islands

A

1

B

C

Caribbean Sea

U.S. VIRGIN ISLANDS

Cockroach Island · Cricket Rock

Dutchcap Passage

2

Gorret Rock · Dutchcap Cay

Salt Cay Passage

Salt Cay · West Cay

Lizard Rocks · Inner Brass Island

Brass Channel

Outer Brass Island

Hans Lollik Island

Little Hans Lollik Island

Ornen Rock · Hans Lollik Rock

Coconut Bay

Leeward Passage

Savana Passage

Kalkum Cay

Bordeaux Hill ▲ 212

Fortuna Hill

30 · 275

Bonne Esperance

Botanical Garden

Virgin Islands National Park

Magens Bay

St. Peter

Mountain Top

33 · 522

Signal Hill ▲

Lovenlund

Tutu Bay

42

The Tunnel

Wintberg Peak ▲ 293

▲ 264

Saltwater Money Rock

Fortuna

Reichhold Center for the Arts

Brewers Bay

South Side

30

New · East End

Savana Island

St. Thomas

Frenchtown

Hassel

Virgin Islands National Park

CHARLOTTE AMALIE

Nulliberg

Tutu

38

Nadir

Bel

3

Flat Cays

Turtledove Cay

Porpoise Rocks

Frenchmans Reef

Frenchmans Bay

Green Cay

Bolongo Bay

Bov

Saba Island

Lindbergh Beach

Water Island

Long Poin

3 km

Cuba, Dom. Republic · Panama, Mex. · Venezuela · Trinidad · Europe

---

St. Croix

4

Caribbean Sea

Hams Bluff

Davis Bay

Cane Bay

80

Hydrolab

Kirkegaard · 301

Northside

Mount Eagle ▲ 355

Blue Mountain

Glynn

Frieden

Annaly

Rain Forest

▲ 334

69

Mon Bijou

CHR

Fredensbe

Grove Place

76

5

St. George Botanical Garden

70

Kings hill

Strawb Hill

Frederiksted

Fort Frederik

Cruzan Rum Factory

Profit

R

70

Estate Whim Plantation Museum

Williams Delight

Alexander Hamilton Airport

Hi

Sandy Point

Campo rico

Long Point Bay

Carlton Beach

South West Cape

U.S. VIRGIN ISLANDS

6

3 km

D · **E** · **F**

1

Tobago
160
147
West End Point
White Bay
Hollow Point
321
Great Harbour
Jost van Dyke
23
Little Jost van Dyke
94
Green Cay
Sandy Cay
Rough Point
Brewers Bay
Du Bois Point
Cane Garden Bay
ROAD TOWN
Botanic Gardens
459
Tortola
Callwood Distillery
Leonards
Mt. Sage
321
Fort Charlotte

Tobago

BRITISH VIRGIN ISLANDS

Belmont Point
Great Thatch Island
187
West End
Little Thatch I.
Frenchmans Cay
Freshwater Pond
Fort Recovery
Mount Sage National Park
513
Nannie Cay

2

Road Town
Spanish Town

Congo Cay
Whistling Cay
Mary Pt.
Leinster Bay
More Hill
146
The Narrows

Grass Cay
Lovango Cay
Cinnamon Bay
Trunk Bay
Underwater Trail
20
Annaberg Ruins
10
Nancy Hill
East End Point
359
Privateer Point
Pelican Island
Mingo Cay
Winward Passage
Camelberg Peak
Mamey Peak
350
Hurricane Hole
Coral Bay
East End
Red Point
Passage
Two Brothers
Caneel Bay
10
Bordeaux Mtn.
389
107
Calabash Boom
Flanagan Island
Norman Island
Redhook Pt.
104
Gift Hill
459
Sugar Mill Ruins
Petroglyphes
Reef Bay
Minna Hill
301
Johns Folly
Leduck Island
Cruz Bay
Blasbalg Point
Rendezvous Bay
White Pt.
Saltpond Bay
Ram Head
Great St. James Island
Virgin Islands National Park

St. John

Flanagan Passage

3

4

Buck Island
Buck Island Reef National Monument (Underwater Trail)

Columbus Landing
Cormorant Beach
Christiansted Harbor
Green Cay
Buck Island Channel
Cramer Park
Point Udall
Fort Christiansvaern
82
Sugarloaf Hill
205
NSTED
75
Saint Peter
Langs Observatory
Seven
264
Grapetree Bay
Farm
Prospect Hill
229
62
107
62
60
Great Pond Bay

5

Mugbyhole
62
anegarden Bay
Krause Point

Caribbean Sea

6

A **B** ATLANTIC OCEAN **C**

Great Point
Green Island
Grey Hill
Flat Point
Sulphur mines oven
Juancho Yrausquin
+ Airport
Lower
Hell's Gate
Cave of Rum Bay
Torrens Point
Flat Point
Boiling House
Mary's Point Ruins
Cove Bay
Kelbey's
Ridge
Mary's Point Mtn.
585
Sandy
Cruz
Upper
Hell's Gate
Well's Bay
Spring Bay

Mountain Scenery
870
Old Booby Hill
230
Spring Bay Flat
Boiling House
Ladder Bay
Troy
The English Quarter
Core Gut Bay
Booby Hole
Ridge
THE BOTTOM
Maskerhorne Hill
555
Windwardside
The Gap
Bottom Hill
Great Hill
431
Peter Simmons Hill
564
The Level
523
Booby Hill
Bunker Hill
Thais Hill
398
St. John's Hill
Johnnies
Ground
Corner Point
St. John's
Tent Point
Tent Bay
Fort Bay
Giles
Quarter
Fence
Quarter

Saba
(Neth.)

500 m

Caribbean Sea

Cocoluch Bay Boven Bay A T L A N T I C
Fortaan Bay
Boven
294
Venus Bay
O C E A N
Gilboa Hill
Sint Eustatius
(Statia)
(Neth.)
Little Mountain
Zeelandia Bay
Zeelandia
Concordia Bay
Bargine Bay
Great Bay
Signal Hill
Franklin D.
Roosevelt-Airport
+
Fort Amsterdam
Compagnie Bay
Fort Royal
Concordia
Jeems
Golden Rock
Smoke Alloy Beach
Historical Foundation Museum
Fort Oranje
Oranje Bay
Old Gin House
Round Hill
155
Behind-
the-
Mountain
Corre
Corre
Bay
ORANJESTAD
Gallows Bay
Crater 'The Quill'
Mazinga
590

Caribbean
Sea
Fort Nassau
Kay Bay
White Hall
Fort de Windt
Back-off Bay

Pte. aux Prunes
Terres Basses
Baie aux Prunes
Pointe du Canonnier
Cupecoy Bay

1 km

122

D **E** **F**

1

ATLANTIC

OCEAN

Französische Antillen

2

Anguilla, St-Barthélemy

Tintamarre

Point de Froussards
North Point
Rocher de L'Anse Marcel
Bell Point
Plateau
Red Rock
Crowl Rock
Cul de
Sac
(Fr.)
Ilet Pinel

Saint-Martin
(France)

Grand-Case
Petite Clef

Grand Case
Airport
Baie Orientale

3

Grand Case
Salt Pond
La Savane
Etang
Chevise
Cave Verte

La Baterie
Etang
Guichard
Mont Careta
Hope Hill
Orient Salt
Pond

Pointe du Bluff
Rambaud
Pic du Paradis
424
**Quartier
d'Orléans**
Baie de l'Embouchure

Etang aux
Poisson

MARIGOT
Fort Saint Louis
Colombier

Baie Nettlé
Concordia
St-James

Grand

Etang de
Great Key
Oyster
Pond
Dawn Beach

wtlands
Little Key
St. Peter
South Reward
**Lower Prince's
Quarter**

Simson Baai
Boundary Monument
Saunders

Bay
Queen Juliana Airport
St. Johns
Naked Boy Hill
Guana Bay

4

Sentry Hill
340
**Upper Prince's
Quarter**
Guana Bay Point

Cole Bay
Great
Salt Pond
Sint Maarten
Museum
Geneve Bay

Cole Bay Hill
Fort
William
PHILIPSBURG
Point
Blanche
Guana Key

Sint Maarten
Netherlands Antilles
Cole Bay
Groot Baai
Little Bay
Fort Amsterdam

5

Caribbean
Pt. Blanche
Witte Kaap

Sea

6

Nederländische Antillen

2 km

123

Leeward Islands

St. Kitts (St. Christopher)

Caribbean Sea

Hacket Point
Willet's Bay
Dieppe Bay Town
Sandy Bay
Helden's Point
Brotherson's Estate
St. Paul's
Parsons Ground
Sadlers
Bellevue
Rawlins Plantation
Black Rocks
St. Paul
Newton Ground
St. John
Tabernacle
Mansion
Nicola Town
Estridge Estate
Molineux
Fig Tree Fort
Mt. Liamuiga
△ 1156
Philips
Lodge
Ottley's
Fig Tree
St. Anne
North
Sandy Point Town
West Range
Pump Bay
Sandy Point Fort
St. Thomas
Christ Church
Ca
Greenhill Estate
St. Mary
Charles Fort
Brimstone Hill
Bayfo
Half Way Tree
Carib Rock Drawings
Romney Manor
South East Range
1000
Sta
Middle Island
St. Peter's
Old Road Town
Old Road Bay
Trinity

St. Kitts (St. Christopher)

Challengers
Bloody Point
Trinity
Fairview Inn
Boyd's
Palmette Point Fort
Fort Thomas
BASSETE

Anguilla (U.K.)

Prickly Pear Cays
Seal Island
Windward Point
Capitain's Bay
Windward
Scilly Cay
Stoney Ba
Shoal Bay Village
Shoal Bay East
Island Harbour
Savannah Bay
Gibbon Point
Mid Cay
Savannah Bay
East Cay
Fountain Hill
55
East End Village
Mimi Bay
Spring Bay
Stoney Bay
Limestone Bay
Flat Cap Point
North Side
59
North Side
Caul Pond
Stoney Ground
Dog Island
Crocus Bay
The Valley
Mahogany Tree
Betty Hill
Sandy Island
The Quarter
Long Salt Pond
Sandy Hill Bay
Road Point
North Hill Village
Wallblake House
Wall Blake Airport
Conkpool Bay
Sandy Ground Village
George Hill
Forest Point
Road Bay
Forest Bay
Mead's Bay
South Hill Village
Corito Bay
Long Bay Village
Lower South Hill
Lookout Tree
Little Harbour
Long Bay
Barnes Bay
Blowing Point Village
West End Village
Cove Bay
Blowing Point
West End Bay
Shoal Bay West
Maunday's Bay
Rendez-vous Bay
End Point
Anguillita Island
Blowing Rock

Caribbean Sea

ATLANTIC OCE

5 km

St. Kitts

Nag's Head

Booby Island

Major's Bay

Cockleshell Bay

The Narrows

Caribbean

Sea

Newcastle Airport

Newcastle

Camps Village

Long Haul Bay

Burnaby

Scarborough

Brick Kiln

Mosquito Bay
Ouali Beach
Jones Bay

Round Hill
309

Schwefel-quelle

Cades Bay

Fountain Village

St. Kitts

Westbury

Cotton Ground

St. Thomas Church

St. James

Butlers

Mannings

Pinney's Beach

Vaughans

Jessup

Tower Hill

St. Thomas

Nevis Peak
985

New River

Huggins Bay

New River Estate

Craddocks

CHARLESTOWN

St. Paul

Zetlands

St. George

Church
Ground

Hermitage

Old Manor

Fort Charles

Bath

St. John's Church

Fig Tree

Gingerland

Beaumont

Saddle Hill
381

White Bay

Red Cliff

Low
Ground

St. John

Indian Castle
Estate

Nevis

2 km

Canada
Estate

Upper Conaree

St. Peter

Half-Moon
Bay

Muddy Point

Bird Rock

North Frigate
Bay

Fort Tyson

Frigate
Bay

North Friar's
Bay

Salt Pond

South Friar's
Bay

Canoe Bay

St. George

288

Estate

343

Mosquito Bluff

Little
Salt
Pond

Great
Salt
Pond

Ballast Bay

Green Point

Turtle Beach

Booby Island

Major's Bay

Cockleshell
Bay

Nag's Head

The Narrows

Nevis

Newcastle Airport

Newcastle

Camps Village

Mosquito Bay

Round Hill
309

Burnaby

Scarborough

2 km

Nevis

125

Barbuda

A **B** **C**

Inset map (Barbuda)

ATLANTIC OCEAN

Billy Point
Goat Point
Goat Island
Cedar Tree Point
Hog Point
Darby Sink Cave
Two Feet Bay
Rubbish Bay
Highland House
Codrington
The Highlands
Codrington Lagoon
Low Bay
Caribean Sea
Martello Tower
River Fort
Castle Hill
Palmetto Point
Spanish Well Point
The Castle
Cocoa Point
Spanish Point

5 km

Antigua

Caribbean Sea

Boon Channel

Barbuda

Hor...

Prick...
Is...

Boon Point
Soldier Point
Weatherills Point
Weatherills
Cedar Grov
Mount Jo
The Sisters
Dickenson Bay
Corbison Point
Pelican Rocks
Runaway Bay
Friars Hill
New
Wint...
Paradise View
St. John
Barnes Hill
Fort Bay
Fort Barrington
Fort James
Woods
Shipstern Point
Deep Bay
Galley Bay
St. John's Harbour
Clare Hall
Guard Point
Five Islands Village
St. John's
45
Sutherlands Development
St. Johnstone Village
Hawks Bill Bay
Sutherland
Potters Village
Gulf Point
Fullerton Point
Hansons Bay
Golden Grove
Belmont
Pelican Island
Maiden Island
Five Island Harbour
58
Creekside
New Division
Believue Heights
Leonards Pt.
Hermitage
Renfrew
Storny Horn
Bakers Cellar
Yorks
Ebenezer
63
Five Islands
Pearns Point
Mosquito Cove
Jennings
St. Lukes
Aberde
Buck
Reeds Point
Lignumvitae Bay
Emanuel
Bendals
Valley Church Bay
Bolans
Ffryes Point
Ffryes Bay
St. Mary
Saw-
colts
Su
Boggy Peak
402
Sage Hill
354
John Hughes
Half Hide or Picarts Bay
Dark Wood
Shekerley
393
Bishops
Crab Point
Crab Hill
Cades Bay
Fig Tree Hill
Signal Hill
368
Crab Hill Bay
Johnsons Point
Mtns.
Johnsons Point
Urlings
Brooks
Old Mill
Old Road
Tramontania
Goat Head
Morris Bay
Doi
Curtain Bluff
Carlisle Bay
Old Road Bluff

An...

Redonda inset

Redonda
(Ant. & Barb.)

296

South Point
Pinnacle Rock

Montserrat

126

D **E** **F**

1

Leewards Islands

2

Channel

gars Point

Shoal Point

Dutchman Bay
High Point

Coolidge

Antigua Int'l.
Airport

St. George
Church

rn
gots

Fitches Creek
Bay

Blackman
Point

t. George

rpe

North
Sound

Parham

St. Peter

Vernons

a View
m

Freemans

Pares

Gilbert

Cochranes
The
Diamonds

Betty's
Hope

Big Duers

Little
Duers

All Saints

Burkes

Willis
Freemanns

St. Paul

Table
Hill Gordon

Liberta

Christian
Hill

ons

Monks Hill
Falmouth

arters

Falmouth
Harbour

Dieppe
Bay

otors Point

Site of
Middle Ground

**English
Harbour
Town**

Bats Cave

The
Ridge

Site of
Fort Christian

Nelson's
Dockyard Shirley Heights

Snapper
Hole

Blockhouse Hill
Cape Shirley

Maiden
Island

Barnacle Pt.

Long
Island

North Sound

North Sound Point

Crabs
Peninsula

Rabbit
Island

Guard Hill

Barnes Hill

Rendevous or
Guiana Bay

Great Bird
Island

Monocle Point

Guiana Island

North Channel

Crump
Island

South Channel

Pelican Island

Mercers Creek
Bay

Rooms

Burns Pt. Indian Town Pt.

Devil's Bridge

Seatons

Spencers

Mayers

Willikies

Glanvilles
49

Long
Lane

Lavingtons

Delaps

Lyons

Ffryers

Newfield

Montpellier

St. Philip's

Bethesda

Willoughby

Red Hill

Chalky
Hill

Savannah

Isaac Point

Grays Pt.

Site of Fort

Bird Island

*Nonsuch
Bay*

Conk Pt.

Grean Island

Pig Pt.

Gaynors

St. Philip

Harmony
Hall
83

Freetown

Fort Harman Pt.

26

**The
Brook**

Watsons

York Island

Marygalante Bay

Friars Head

Exchange Bay

Smith Island

Half Moon Bay

Soldier Point

Hudson Point

Fort William

*Willoughby
Bay*

Horse Shoe Channel

*Spithead
Channel*

A T L A N T I C

O C E A N

Potworks
Dam

62

ua

2 km

127

Französische Antillen

5 km

Caribbean Sea

Pointe de la Grange Vigie
Anse Pistolet
Anse Laborde
Lago
Trou
Anse-Bertrand
Campê
Pointe d'Antigues
Anse du Souffleur
Port-Louis
Beauport
Gros-Ca
Anse de la Guérite
Les Mangles
Saint
Margue
Pointe à Retz
Petit-Canal
Anse du Canal
Ilet à Kahouanne
Pointe Allègre
Ilet à Fajou
Ilet Macou
Morne-à-l'Eau
Plage de la Ramée
Ilet de Carénage
Vieux-Bourg
Duzer
La Grande Anse
Grand Cul-de-Sac Marin
Sainte Rose
Anse Bésia
Le Dos d'Ane
611
Deshaies
Pointe de la Grde Rivière
Baie Mahaut
Sofaïa
La Boucan
Lamentin
Aerop
le Raizet
Les Abymes
Grande
Castel
Baie-Mahault
Pointe Ferry
Belle Hôtesse
777
La Couronna
POINTE-À-PITRE
5
136
Pointe Morphy
786
Morne Jeanneton
Jarry
Fort Fleur
Pointe-Noire
744
Rhums Charles Simonnet
Petit Cul-de-Sac Marin
d'Epée
St-Félix
Anse Guyonneau
Maison du Bois
Parc Zoologique
Le Gosier
Pointe Mahaut
Morne à Louis 563
Morne Léger
Pointe à Bacchus
Pointe Canot
Mahaut
743
788
Vernou
Petit-Bourg
Guade
Malendure
Les Mamelles
Cascade aux Écrevisses
à Grand Ilet
Pointe de Roujol
(Fran
Ilets à Goyaves ou de Pigeon
Maison de la Forêt
Saut de la Lézarde
Pointe la Rose
Anse à Douville
Pointe à Lézard
Park
Goyave
Bouillante
Pitons de Bouillante
1088
Basse-Terre
National
Anse de Sable
Pointe du Carénage
Trois Crêtes
1120
817 Morne Moustique
Landeplatz von Christoph Kolumbus
Pointe du Quesy
Petite Anse
Montagne Soldat
1354
Matéliane
Sainte Marie
Plage de Roseau
Pointe des Habitants
851 Petit et Grd Sans-Toucher
1298
de la
Pointe Constant
Marigot
Crête des Icaques
1151
Guadeloupe
Hindu-Tempel
Pointe de la Capesterre
Vieux-Habitants
819
Carmichaël
1414
Capesterre-Belle-Eau
Roche Gravée
Saut d'Eau de Matouba
Nez
1281
Casse La Citerne
Casse La Soufrière
1467
Chutes du Carbet
Saut de Constantin
Matouba
L'Echelle
1397
Routhiers
Pointe du Carbet
Baillif
971
Maison du Volcan
4 1155
Carbet-Étang Zombi
Cascade de la Parabole
Anse à la Fontaine
St-Claude
La Madeleine
Saint-Sauveur
Anse St.-Sauveur
BASSE-TERRE
Gourbeyre
Pointe Madame
Delgrès
Pointe Coq-Souris
Anse Bernard
Anse Turlet
Monts Caraïbes
Trois-Rivières
Fort Royal
687
Parc Archéologique des Roches Gravées
Vieux-Fort
Pointe à Launay
Terre-de-Haut
Terre-de-Bas

128

Saint-Barthélemy
(Fr.)

1

St-Martin
Flamands
Baie de St-Jean
Marigot
Corossol
Lorient
281
St-Jean
Grand
Gustavia
Fond

2

Porte d'Enfer
e Coco
uffleur
du Souffleur
se à la Barque

nse des Corps
apelle Ste-Anne
Anse de la
Savanne Brûlée

A T L A N T I C

Anse à Néau

Pointe du
Grand-Abaque

La Désirade
Baie-
Mahault
Le Souffleur

couverte du
milieu
Le Moule
Porte d'Enfer
Anse à l'Eau
Pointe
Frégule
Grande-Ans
Beauséjour

3

hâteau
aillard
r r e
★ Zévalo
St-Louis
Chapelle Baie d'Olive
5
Pointe
des Colibris

Douville
Anse à la Baie

4
St-François
Pointe des Châteaux

ne
Pointe du Vert
Anse
Kahouanne
★ Pointe des Colibris

Gros Sable

à Jacques

O C E A N
Iles de la Petite Terre
Terre de Haut

4

upe
Terre de Bas

Trois-Rivières
Les Saintes
(Fr.)

Grosse Pointe
Gueule Gd. Gouffre ★
Marie-Galante
(Fr.)

5

Anse du
Vieux-Fort
Vieux-Fort
Caye Plate
Pointe Pisiou

Basse-Terre
Terre-de-Haut
Fort
Napoléon
Roches
Percées
Anse Canot
Anse Chapelle
Pointe Saragot
Anse Piton

Terre-de-Bas
Orgues de
Basalte
Trou de Grd. Souffleu
Grelin

Basse-Terre
Morne Abymes
293
315
Terre-
de-Haut
Pointe
de Ci-
metière
St-Louis
9
204
Le Trou
à Diable
Pnte
de Tali

Petites-Anses
La Couche
Grand Ilet
Caye à
Poirier

Anse
Ballet
Gde-Anse
Rabi
Les
Galeries

Bourg
Pointe-à-
Pitre
Grand-Bourg
Château
Murat
**Capesterre-
de-Marie-Gal.**

tinique
Pointe
des Basses
Pointe la Feuillère

6

129

Windward Islands

ATLANTIC

OCEAN

Gouadeloupe Channel

Capucin Point
Capucin
Carib Point
Penville
Morne aux Diables
Vieille Case
(Itassie)

Dominica

Douglas Bay
Gulliet
Belmanier
Calibishi
Woodford Hill

Cabrits
National Park
Anse du Mé

Fort Shirley
Portsmouth
(Grand Anse)
Prince Rupert Bay
St. John
Woodford Hill Lake
Wesley
(La Soie)
Londonderry Bay

Glanvillia
Melville Hall
Marigot

Pointe Ronde
Indian River

714
St. Andrew
Pagua Bay

Northern
Syndicate Estate
Morne Concorde
618
Atkinson
Salibia

Dublanc
Morne Diablotins
1447
Salibia Isles

St. Peter
Forest
Anse Maho

Colihaut
L'Escalier Tête-chien

Reserve
★ Carib Reserve

Coulibistri
Morne Raquette

Central Forest Reserve
Morne Frazer
693
Castle Bruce

Salisbury
St. Joseph
St. David Bay

Méro
St. David

St. Joseph
Morne Laurent
705   686
Good Hope
Grand Marigot Bay
Saint Sauveur

Layou
Layou River
Morne Couronne
Emerald Pool
Petite Soufrière Bay

Pont Casse
Rosalie
Rosalie Bay

Mahaut
St. Paul
711
Morne Trois Pitons
1447
Boeri Lake

Massacre
Springfield Plantation
Fresh Water Lake

Canefield
1222
Morne
La Plaine
Pointe Giraud

Roger
Laudat
Boiling Lake

2
Trafalgar Falls
Trois

Woodbridge Bay
Morne Macaque
Morne Watt
1224
L'Illet

ROSEAU
★ Botanic Gardens
St. George
Pitons
Délices
Pointe Daniel

Giraudel
Morne Anglais
1124
St. Patrick

Loubiere
Pichelin
National Park

Pointe Michel
(La Pointe)
St. Luke
Petite Savane

Anse Bateaux
Morne Plat Pays
Berekua
Fond St. Jean

804
Tête Morne
Grand Bay

Soufrière
Grand Soufrière Sulphur Spring
Pointe des Fous

Soufrière Bay
St. Mark

Scotts Head
Scotts Head Village

Martinique Channel

Caribbean

Sea

5 km

130

Canal de la Dominique

A **B** **C**

1

Grand'Rivière Macouba
Cap St-Martin Basse-Pointe Anse Basse Pointe
Plantation Leyritz
Grande Anse
Anse Céron L'Ajoupa-Bouillon Le Lorrain
895 Mont. Pelée
1397
Le Prêcheur 386 Parc Naturel Rég. 509 567

2

Le Morne Rouge Morne Jacob 884 Le Nord
Tombeau des Caribes de la
St-Pierre Fonds-St-Denis Morne Bellevue
Anse Turin 924 694
Observatoire Deux-Choux
523 Piton du Carbet Martiniq
Le Carbet 1120
Le Morne Vert 1196 Piton du Carbet 469
Anse Four à Chaux Stion Therm d'Absalon Jardin de Balata
Bellefontaine 564 Balata

3

Case-Pilote

C a r i b b e a n

Schœlcher

S e a Pte. des Nègres

4 **FORT-DE-FRANCE**

Baie de Fort-de-France
Po du
Anse à l'Âne
Anse Noire Anse Dufour Parc
460 Natu
Cap Salomon de la M
Grde. Anse d'Arlet
Les Anses-d'Arlet

5

Morne Laro
471
Petite Anse du Diamant
Pte. du Diamant

6

St. Lucia 5 km

132

Französische Antillen

A T L A N T I C

O C E A N

e Marigot
Anse Charpentier
Fond St-Jacques
Sainte-Marie
151
Îlet St-Aubin
Pte. du Diable
149
Res. Nat.
de la Caravelle
La Caravelle
Baie Grandjean
Martinique
(France)
Morne
des Esses
217
La Trinité
Baie
de Galion
Pte. de la Batterie
Gros-Morne
P. Nat. Rég. d. l. Martinique
124
Îlet Ramville
ou Chancel
oseph
Havre du Robert
Le Robert
4
1
319
Cul de Sac des Roseaux
111
Baie du
François
185
Le François
Le Lamentin
6
Baie du Simon
Aérop. de
Fort-de-Fr-
Le-Lamentin
136
Pte. Vauclin
Ducos
Le St-Esprit
Mgne. du Vauclin
Baie du
Vauclin
5
504
Le Vauclin
s Trois-Ilets
Le Sud
Parc
209
6
Cul de Sac de
Paquemar
g.
188
Rivière-Salée
359
Naturel Régional
Grande Anse
Macabou
Forêt de
Montravail
de la Martinique
106
Rivière-Pilote
Grande Anse
que
Ste-Luce
Blocs
Erratiques
Le Marin
Cap Ferré
nt
5
Anse
du
Céron
200
de Anse
u
r du Diamant
Ste-Anne
Pte. Dunkerque
Savane des
Pétrifications
Pte. des Salines
Pte. Baham
Pte. d'Enfer
Canal de Ste-Lucie

Windward Islands

A   **B**   **C**

1

St. Vincent Passage

Cape Roll   Fancy

Baleine Point   Owia
De Volet Point   ★ Falls of Baleine   *Owia Bay*

Caribbean

Sandy Bay
Chibarabu Point

La Soufrière   New Sandy
● 1219   Bay Village

Sea

Larikai Point   ★ Crater Lake   ★ Rabacca   Overland Village
Larikai Bay   Farms

2

Morne Ronde Point   St. David   Orange Hill

Wallibou Beach   Morne Garu
Richmond Beach   Mountains

Chateaubelair Islet   ⚓ Richmond   *Wallibou R.*   *Rebecca Dry R.*
Petit Bordel Bay   Richmond Peak   933   **Georgetown**
Dark Head   ◉ **Chateaubelair**   ▲ 1075   Mt. Brisbane

Troumaka   Rose Mall   Charlotte

3

Spring Village   1022   Black Point

Wallilabou Bay   *Cumberland R.*   *Colonaire R.*

⚓ **Barrouallie**   **Paradise Malone**   Colonaire

St. Patrick   Grand Bonhomme   Sans Souci   *Colonarie Bay*

822 ▲   Greiggs
★ Petroglyph   970 ▲
Jackson's   Vermont   ★ Nature Trail   ★ Montreal Garden   *Macariacaw*
Point   ⚓ Layou   Biabou   *Grant's Bay*
Lapaze Rock ⚓   ★ St. Andrew   Mt. St. Andrew   Richland   **ATLANTIC**
★ Petroglyph   736 ▲   Park

4

Camden Park   St. George   Mesopotamia   ★ Petroglyph
Camden Park Bay   ⛫ Fort   ★ Botanic Garden   Belmont   ★ Petroglyph
KINGSTOWN   ★ Charlotte   *Argyle Beach*
   ★ Kings Hill   Yambou Head
   Forest Res.   **OCEAN**

Kingstown Bay   Glen
Arnos Vale Airport ☒   Villa   *Stubbs Bay*
Young Island   Calliaqua
   ⛫ Fort   Milligan Cay
   Duvernette   *Sharp's*   Gunn Point
    Bay

St. Vincent

5

Bequia Channel

The Grenadines

6

Bequia

▲ 265

Port Elizabeth

5 km

134

D   **E**   **F**

Barrouallie

Colonarie Bay

1

Grant's Bay

Campden Park Bay

Kingstown

St. Vincent

Calliaqua

Stubbs Bay

Young Island

Milligan Cay

Bequia Channel

ST. VINCENT AND THE GRENADINES

2

Caribbean

▲265

Port Elizabeth

Bequia

Admiralty Bay

Derrick

Sea

Petit Nevis

Isle à Quatre

Battowia

Baliceaux

The Pillories

All Awash Island

3

Lovell Village

Mustique

Britannia Bay

150

Petit Mustique

Petit Canouan

Savan Island

4

Grenada

Canouan

ATLANTIC

067

Charlestown

North Mayreau Channel

Catholic Island

Mayreau

Tobago Cays

Sail Rock

5

Union Island

OCEAN

Chatham Bay

305

Clifton

Ashton

Palm Island

Martinique Channel

Petit St. Vincent

Windward

291

Petit Martinique

GRENADA

Sandy Isle

Hillsborough

Grand Bay

Tyrrel Bay

Carriacou

5 km

6

135

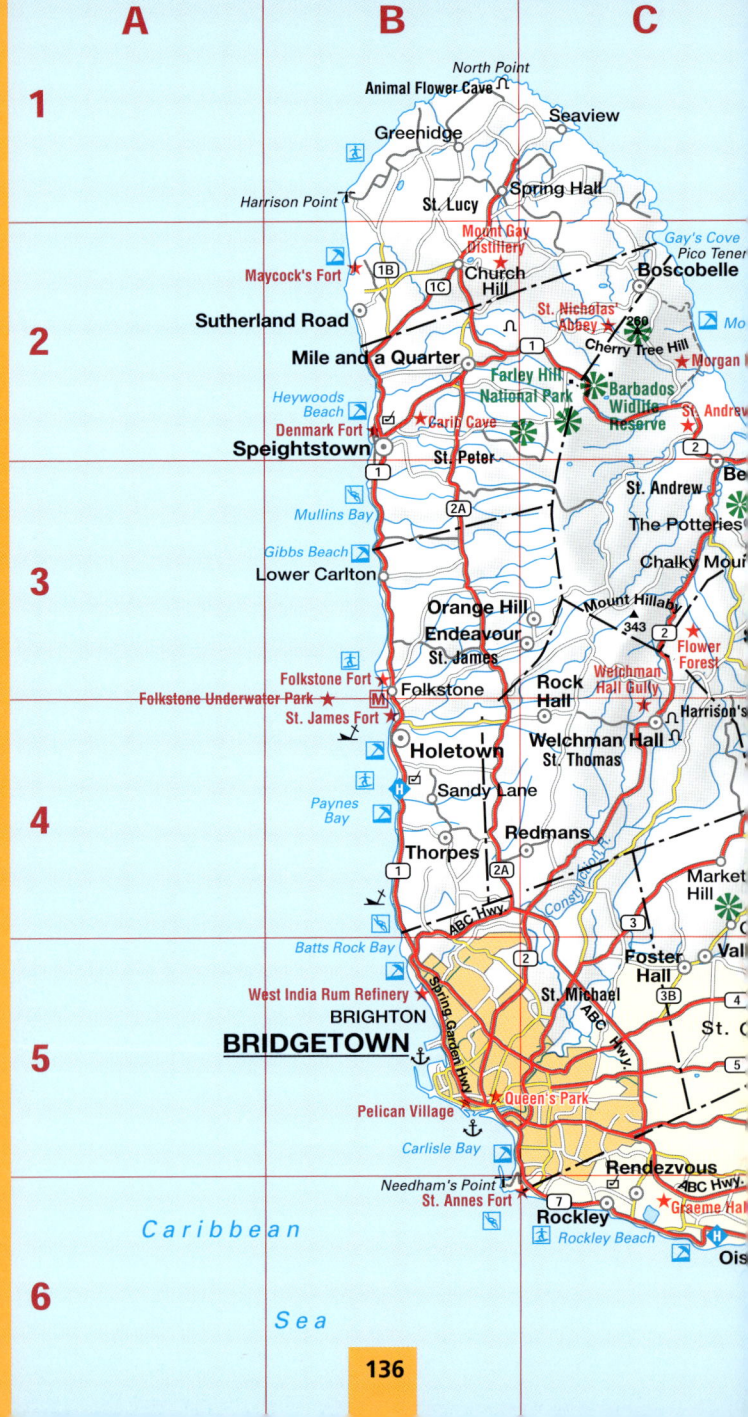

D   **E**   **F**

1

Barbados

A T L A N T I C

2

O C E A N

...s Beach

...kers Beach
...ake Beach

...clays Park

3

Barbados

Bathsheba

Andromeda Botanic
Gardens

Hackle...'s Cliff

Villa Nova

St. John's Church   Bath

St. John

Coach Hill

3B

Four Cross Roads   Sealy Hall

Codrington College

4

Ragged Point

4

4B

Sealy Hill

Oughterson House

Barbados Zoo Park

Cottage Vale

Ellerton

King George V Memorial Park

St. Philip

Sunbury Plantation
and Museum

4B

Marriot's Sam Lord's Castle

Brereton

Six Cross Roads   Long Bay

5

...rge

Valley

5

Four Roads

6

Crane Beach

Christ Church   St. Patrick's

7

...on
...ce   Balls   ABC Hwy.

St. Martins

7

Grantley Adams
International Airport

Scarborough

6

South
Point

2 km

137

Windward Islands

Grenada

Caribbean

Sea

Laurant Point
Carib's Leap
Sauteurs
Morne Fendue
St. Patrick

Duquesne Bay
Nonpareil
Union
Chantimelle
Amerindian Remains

St. Mark Bay
Victoria
St. Mark
Mt. Hermita

Maran Bay
Benago Beach
Gouyave
Florida
Mt. St. Catherine
• 841

Gouyave Bay
St. John
Clozier
Bylands
Rum Distill
Dunf

Grand Roy Bay
Grand Roy
Mt. Granby
▲ 683

Marigot
Concord
Concord Falls
Lower Capitol
Gran Bras

Black Bay Point
•765
Birch Cove
La Digue
Union
Marg

Halifax Harbor
Fontainbleu Falls
Adelphi

Grand Étang
St. Andrew
Mt. Car

Happy Hill
Annandale Waterfall
Grand Étang Forest Reserve
Mt. Lebanon
Munich

Molinière Point
Willis
Constantine
Mt. Sinai
•715

Beausejour R.
Mt. Moritz
Snug Corner
Mt. Sinai
•702

Grand Mal Bay
St. George
St. David
Pomme Rose

ST.GEORGE'S
FL George
Richmond Hill
Tempé
St. Paul's
Windsor Forest
St. David's

Fort George Point
Fort Frederick
Epping Forest

Belmont
Corinth
La Sagesse

Grand Anse Bay
Grand Anse
Morne Jaloux
Rum Distillery
Nature Center
Requin Bay

Quarantine Point
Woburn
St. David's Point

Fort Portici Ruins
Ruth Howard
Westerhall Point

International Airport
Point Salines
Chemin Bay
Fort Jeudy

Point Salines
Grand Bay
Lance aux Épines
Hog Island
Point of Fort Jeudy

Glover Island
Prickly Bay
Prickly Point
Calivigny Island

O C E

138

D

E

F

1

Mayreau

Tabago Cays

Union Island

305 ▲

Ashton ⚓ ☩ Clifton

Palm Island

ST. VINCENT AND THE GRENADINES

C a r i b b e a n

Martinique Channel

🔲 Petit St. Vincent

🔲 *Windward*

Petit Martinique

S e a

291 ▲

2

Sandy Isle

Hillsborough ☩

⚓ Grand Bay

Tyrrel Bay ⚓

Carriacou

South West Point

Saline Island

Large Island 🔲

Frigate Island

Bonaparte Rocks

The Grenadines

GRENADA

Diamond Island

Les Tantes

Ronde Island

157 🔲

3

Caille Island

London Island

ra Island

Green Island

Sandy Island

Grenada Bay

Rivière Sallée

Antoine Bay

Black Rock

Rum Distillery

voli

Conference Bay

ddle aka

Pearls Rock

🔲 Meadow Beach

▶ **Pearls Airport**

Racecourse (disused)

Great River Bay

Telescope Rock

ville

Carib's Leap

Green Island

Sauteurs

Morne Fendue

Bird Island

Rivière Sallée

Grenada

Tivoli

841 ▲

Pearls Rock

★ **Pearls Airport**

Grenville

se Point

Marquis Island

ew's

Marquis Island

4

A T L A N T I C

. Bacolet Point

let Bay

et Island

715 ▲

Gt. Bacolet Point

nt

St. David's

5

O C E A N

NTIC

6

2 km

139

5 km

mehr sehen schon vor dem urlaub:
hier zeigen wir ihnen alle vorteile von
holiday autos.

als weltgrößter vermittler von ferienmietwagen
bieten wir ihnen mietwagen in über 80 urlaubsländern
zu äußerst attraktiven alles inklusive preisen.
und wenn wir von „alles inklusive" reden, dann meinen
wir das auch so. denn im preis von holiday autos
ist wirklich alles inbegriffen:

- vollkaskoversicherung ohne selbstbeteiligung
  im schadensfall
- kfz-diebstahlversicherung ohne selbstbeteiligung
- erhöhte haftpflichtdeckungssumme
- unbegrenzte kilometer
- alle lokalen steuern
- flughafenbereitstellung
- flughafengebühren

buchen sie gleich in ihrem reisebüro,
unter www.holidayautos.de oder
telefonisch unter 0180 5 17 91 91 (12 ct/min)

kein urlaub ohne

holiday
autos

MARCO 🌐 POLO

Für Ihre nächste Reise gibt es folgende Titel:

Schreiben Sie uns!

Liebe Leserin, lieber Leser,

wir setzen alles daran, Ihnen möglichst aktuelle Informationen mit auf
die Reise zu geben. Dennoch schleichen sich manchmal Fehler ein –
trotz gründlicher Recherche unserer Autoren/innen. Sie haben sicherlich
Verständnis, dass der Verlag dafür keine Haftung übernehmen kann.
Wir freuen uns aber, wenn Sie uns schreiben.

Senden Sie Ihre Post an die MARCO POLO Redaktion,
MAIRDUMONT, Postfach 31 51, 73751 Ostfildern,
info@marcopolo.de

Impressum

Titelbild: St. Lucia, Soufrière & Piton (Focus: Bishop)
Fotos: Focus: Bishop (115); HB Verlag: Huber (U M., U r., 1, 4, 5 l., 9, 17, 24, 31, 36, 42, 48, 50, 65,
91, 93, 98, 100); Huber: Gräfenhain (11); G. Jung (5 r., 6, 14, 18, 20, 22, 27, 28, 40, 44, 59, 77, 79,
82, 94, 97); laif: Amme (124), Huber (7, 58, 70, 72, 74); Mauritius: Fischer (88), Steigenberger (2 u.);
P. Spierenburg (12, 25, 26, 32, 38, 62, 78, 87); Transglobe: Fauner (U l., 2 o.), Wood (67)

7., aktualisierte Auflage 2005 © MAIRDUMONT, Ostfildern
Herausgeber: Ferdinand Ranft, Chefredakteurin: Marion Zorn
Redaktion: Jochen Schürmann, Bildredaktion: Gabriele Forst
Kartografie Reiseatlas: © Verlag Haupka & Co, Bad Soden
Gestaltung: red.sign, Stuttgart
Sprachführer: in Zusammenarbeit mit Ernst Klett Sprachen GmbH, Stuttgart, Redaktion PONS Wörterbücher

Bloß nicht!

Ein paar Tipps, wie Sie Ärger und Unannehmlichkeiten in der Karibik vermeiden

Unter dem Machineel Tree stehen

Es gibt ihn fast an jedem Strand: den *Machineel Tree,* einen Laubbaum mit herzförmigen Blättern. Seine Blätter und Früchte sind giftig, und jeder, der unter diesem Baum bei Regen Schutz sucht, beklagt sich wenig später über unangenehmen Hautausschlag. Die Regentropfen, die vom Baum fallen, enthalten ein giftiges ätherisches Öl und verursachen empfindliche Hautreizungen. Keine Frage, dass man die Früchte auch nicht essen darf.

Die Sonne unterschätzen

Selbst wenn Sie schon leicht vorgebräunt sind oder wenn Sie am Mittelmeer noch nie Probleme mit der Sonne hatten, hier ist die Sonneneinwirkung so stark, dass Sie leicht als »Lobster« enden können.

Tiere oder Pflanzen mitnehmen

Nehmen Sie keine Tiere oder Pflanzen mit, und kaufen Sie keine Souvenirs, die aus geschützten Tieren oder Pflanzen hergestellt wurden, Schmuck aus Korallen oder Schildpatt z. B. Viele der Reptilien und Vögel, die auf den Kleinen Antillen heimisch sind, stehen unter Naturschutz. Der Zoll auf den Inseln und in Ihrem Heimatland sieht über Vergehen bestimmt nicht hinweg.

Drogen nehmen

So mancher Rastaman wird Ihnen Drogen »organisieren« wollen – gehen Sie nicht darauf ein! Das Drogenproblem auf den Antillen ist groß, doch die meisten Regierungen sind fest entschlossen, es zu bekämpfen. Auf Besitz und Konsum von Drogen stehen harte Strafen, auch für Touristen.

In Shorts zum Dinner

Allzu freizügige Kleidung ist – außerhalb der Strände – völlig unangemessen. Nacktbaden ist auf den englischsprachigen Inseln absolut verpönt, nur auf den Französischen Antillen wird über Oben-ohne am Strand nonchalant hinweggesehen; dort gibt es sogar einzelne FKK-Strände. Vermeiden Sie es, in Strandkleidung oder Shorts zum Dinner zu erscheinen. In den Luxusrestaurants ist es für den Herrn sogar üblich, Jackett und Krawatte zu tragen.

Auf Eile drängen

Auf den Antillen haben die Menschen mehr Zeit. Erwarten Sie nicht europäische Pünktlichkeit und Zuverlässigkeit von Ihren Gastgebern – das ist ihnen fremd, hier laufen die Uhren anders. Protest, wütender oder unhöflicher zumal, richtet nichts aus, sondern ruft bei den Einheimischen nur Verwunderung oder Ärger hervor.